くもんの小学ドリル
がんばり1年生
学しゅうきろくひょう

名まえ

JN050222

1	2	3	4	5		8

9　10　11　12　13　14　15　16

17　18　19　20　21　22　23　24

25　26　27　28　29　30　31　32

33　34　35　36　37

あなたは
「くもんの小学ドリル　こくご　1年生ひらがな・カタカナのかきかた」を、
さいごまで　やりとげました。
すばらしいです！
これからも　がんばってください。

1さつ　ぜんぶ　おわったら、
ここに　大きな　シールを
はりましょう。

つぎの えの ように しせいを ただしくして、えんぴつを ただしく もちましょう。

1 せん（――）を かきましょう。
（50てん）

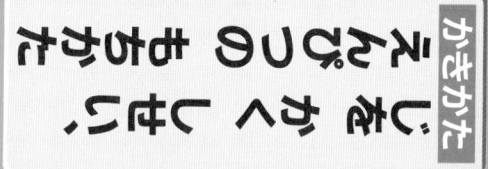

かきかた

1 えんぴつを ただしく もって かく

月　日

名まえ

時　分 から
時　分 まで

100てん

てん

©くもん出版

● したえの えのように、ただしい えんぴつの もちかたで かきましょう。 （50てん）

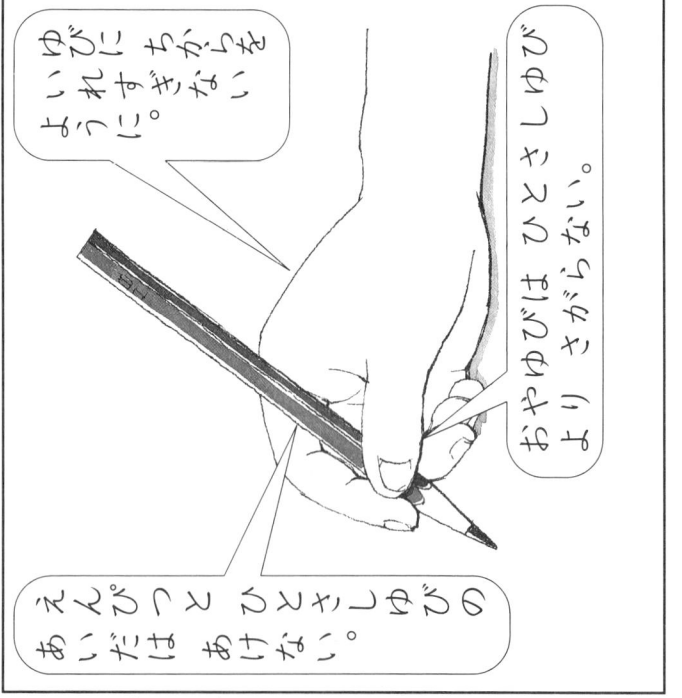

えんぴつは Bか 2Bを つかいましょう。

② せん（　　）を かきましょう。

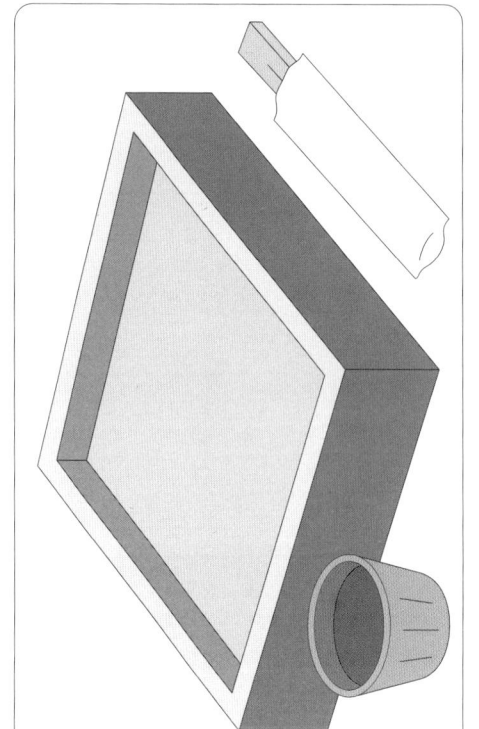

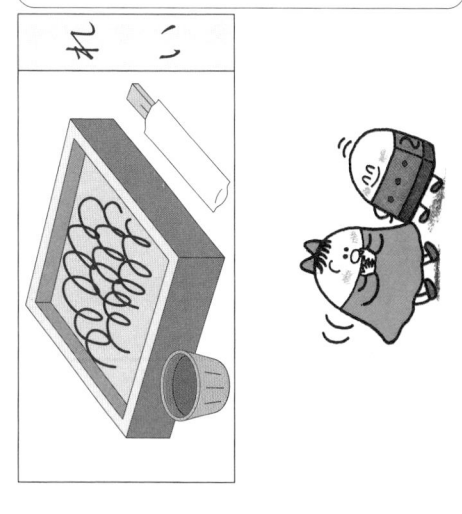

いつも ただしい しせい、ただしい もちかたを こころがけて ください。

－ 2 －

② ①

2　●から ★へ せんを かきましょう。
（ぜんぶ できて 25てん）

— 3 —

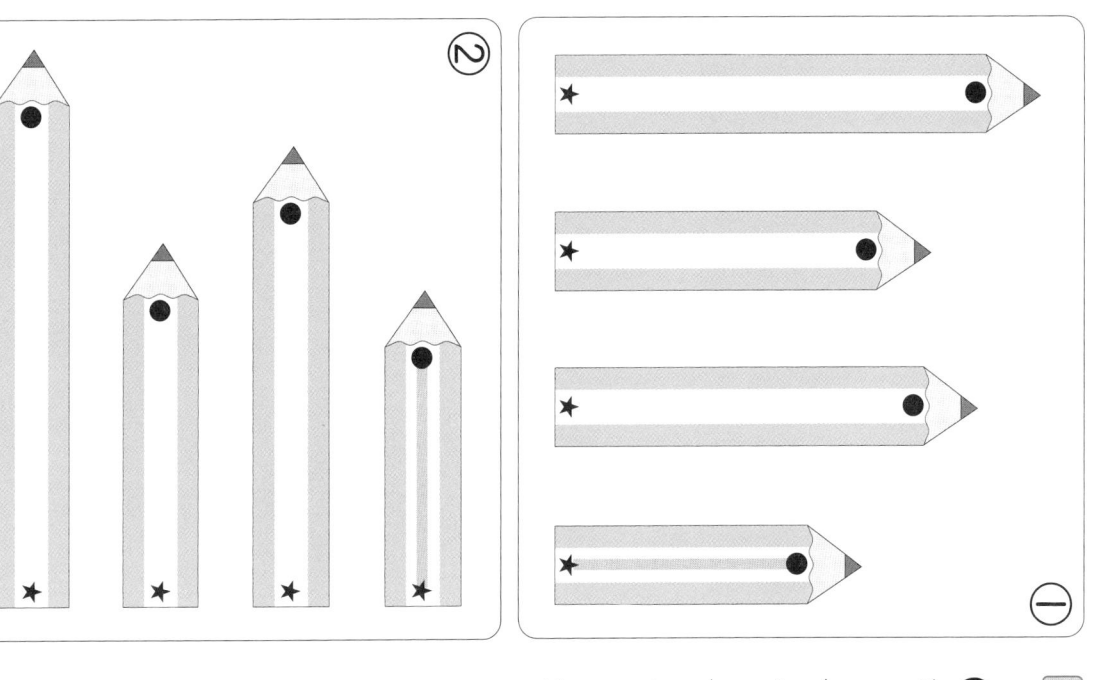

② ①

1　●から ★へ せんを かきましょう。
（ぜんぶ できて 25てん）

かきかた　せんを かこう①

なまえ

月　日

時　分〜時　分

／100てん

③ ●から ★へ せんを かきましょう。 (ぜんぶ かいて 25てん)

①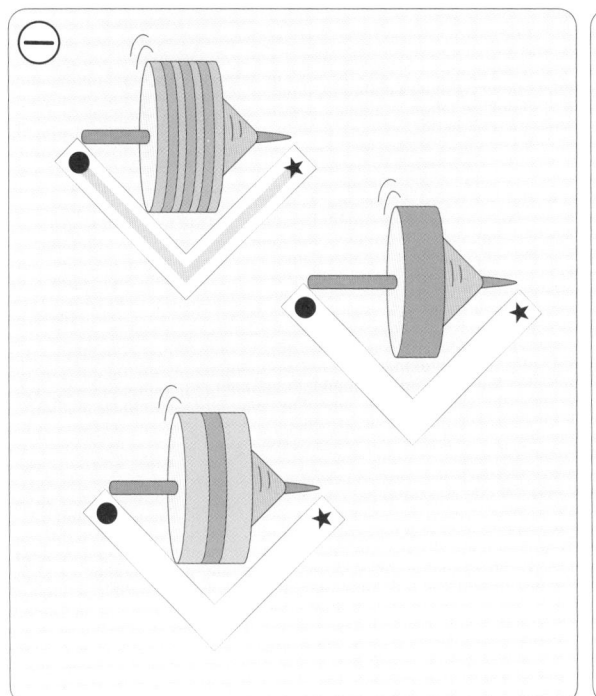

②

④ ●から ★へ せんを かきましょう。 (ぜんぶ かいて 25てん)

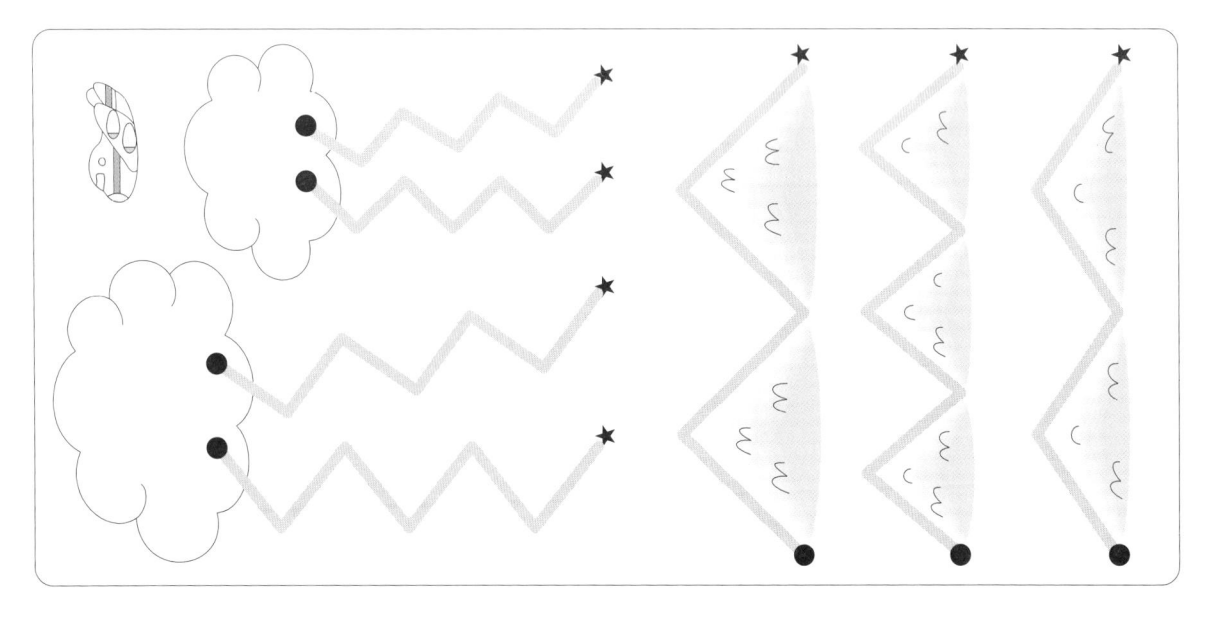

③・④の もんだいは ていねいに、ゆっくり かけるように れんしゅう しましょう。

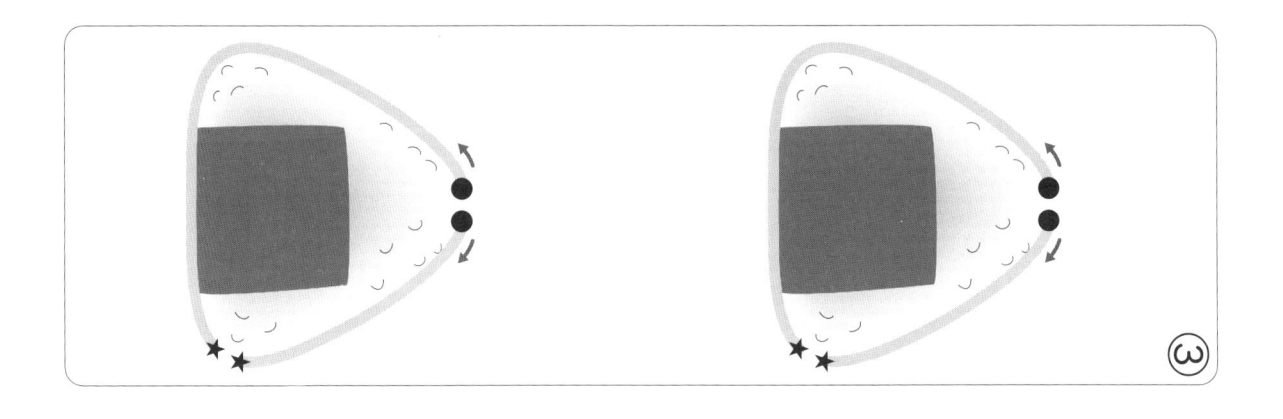

③

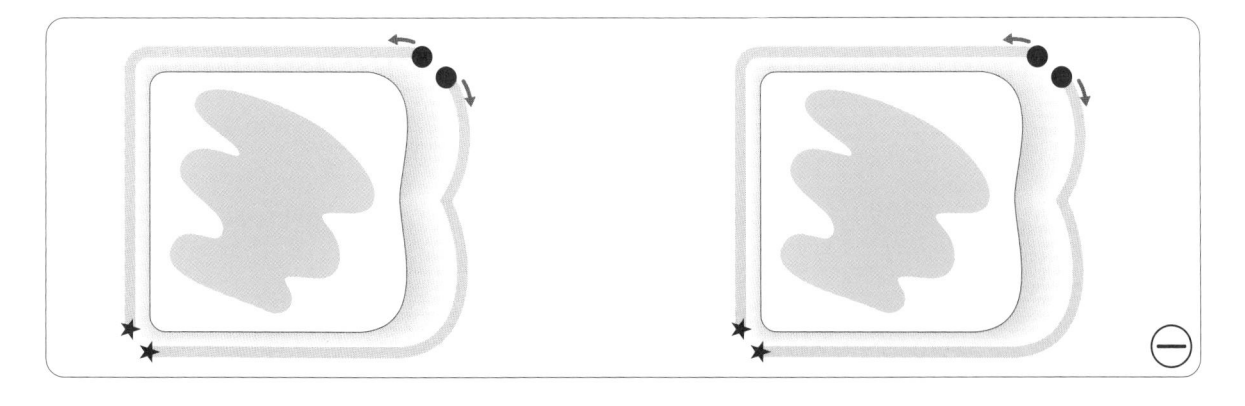

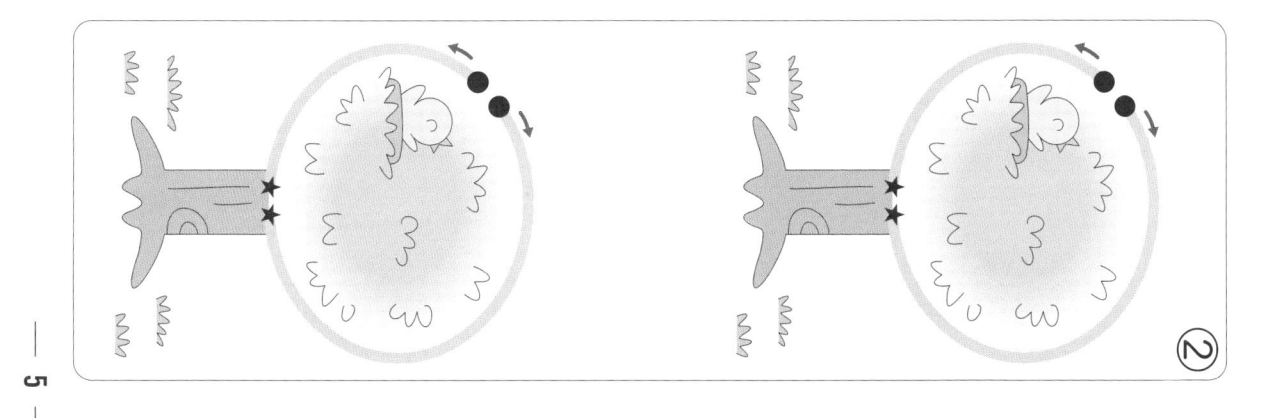

②

— 5 —

①

1 ● から ★ へ せんを かきましょう。

（ぜんぶ できて 50てん）

3

せんを かこう②

月　日

なまえ

時　分

時　分

100てん

てん

©くもん出版

2 ●から ★へ せんを かきましょう。 (せんぶ かいて 50てん)

①

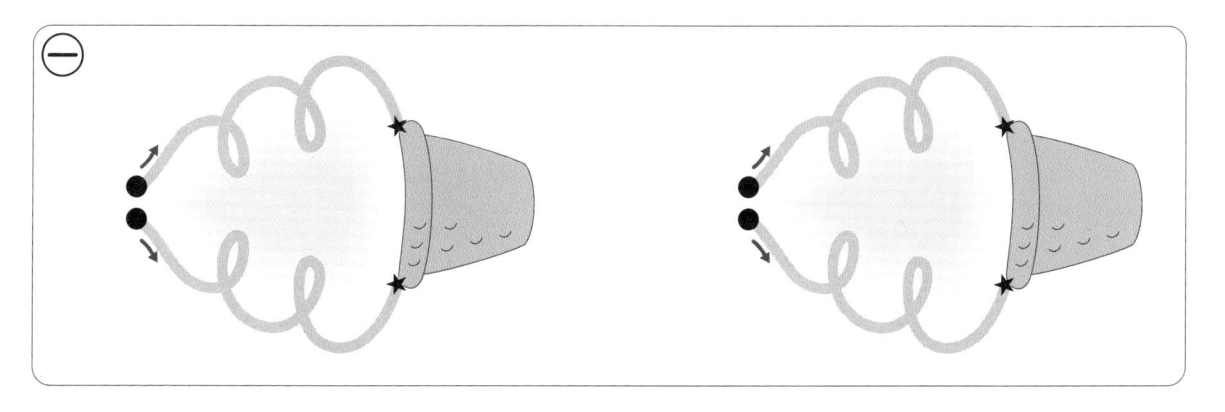

②

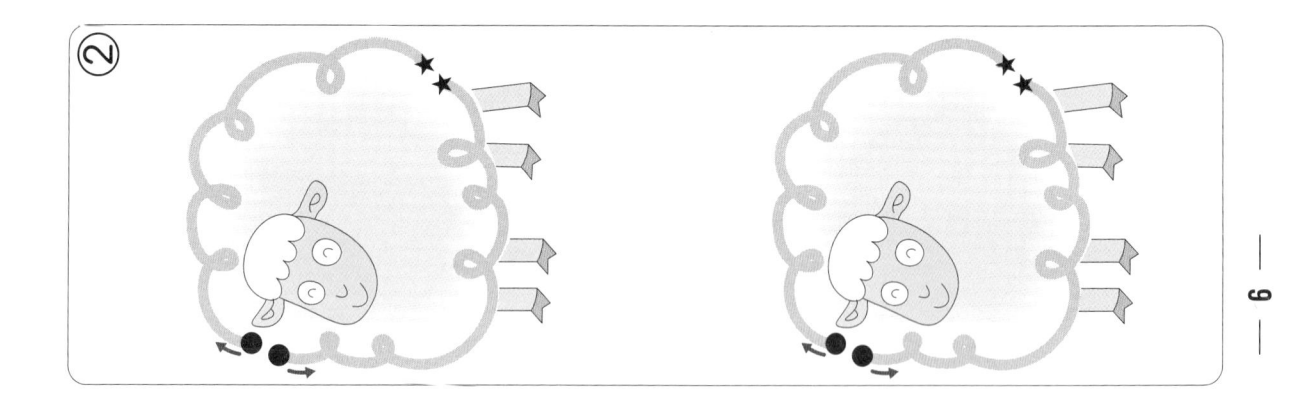

③

 こえを だして えの なまえを いいながら やってみて ください。

©くもん出版

4

かきかた
せんを なぞる③

月　日　なまえ

時分～時分

100てん

©くもん出版

1 □に せんを かきましょう。

（ぜんぶ できて 25てん）

らくがき なまえの ない ところにも かきましょう。

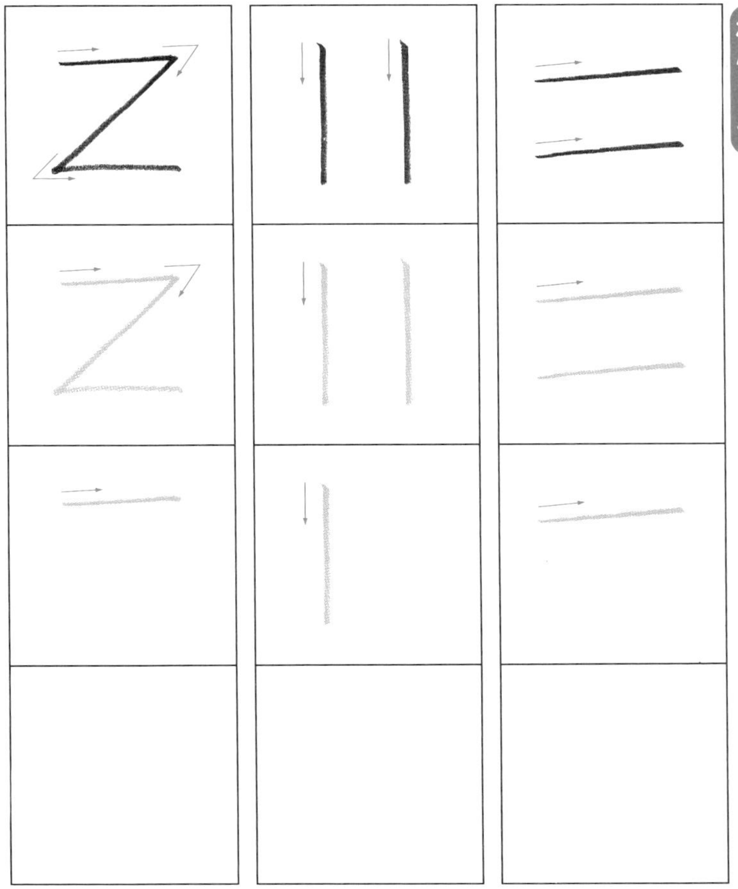

2 ●から ★へ せんを かきましょう。

（ぜんぶ できて 25てん）

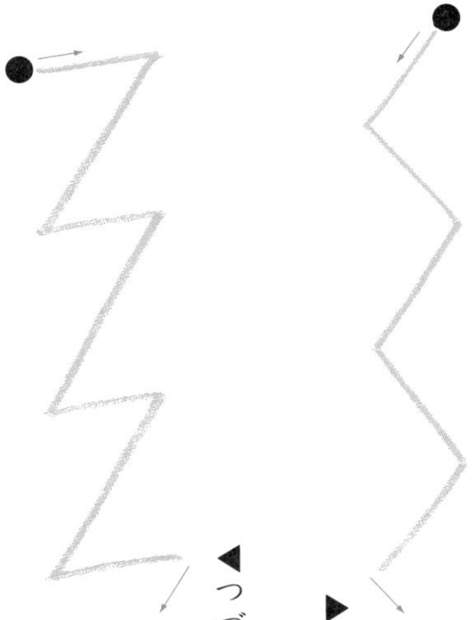

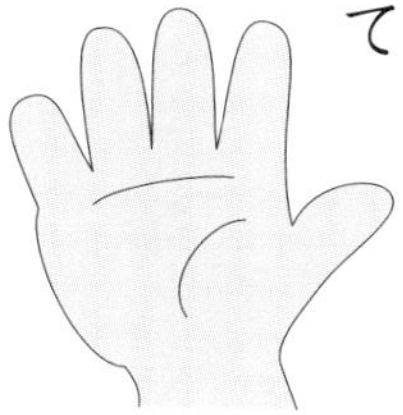

▼ところまで かこう。

▲ところまで かこう。

★ここまで かこう。★

③ □に せんを かきましょう。　(ぜんぶ かいて 25てん)

はなまる うすい せんを なぞって れんしゅう しましょう。

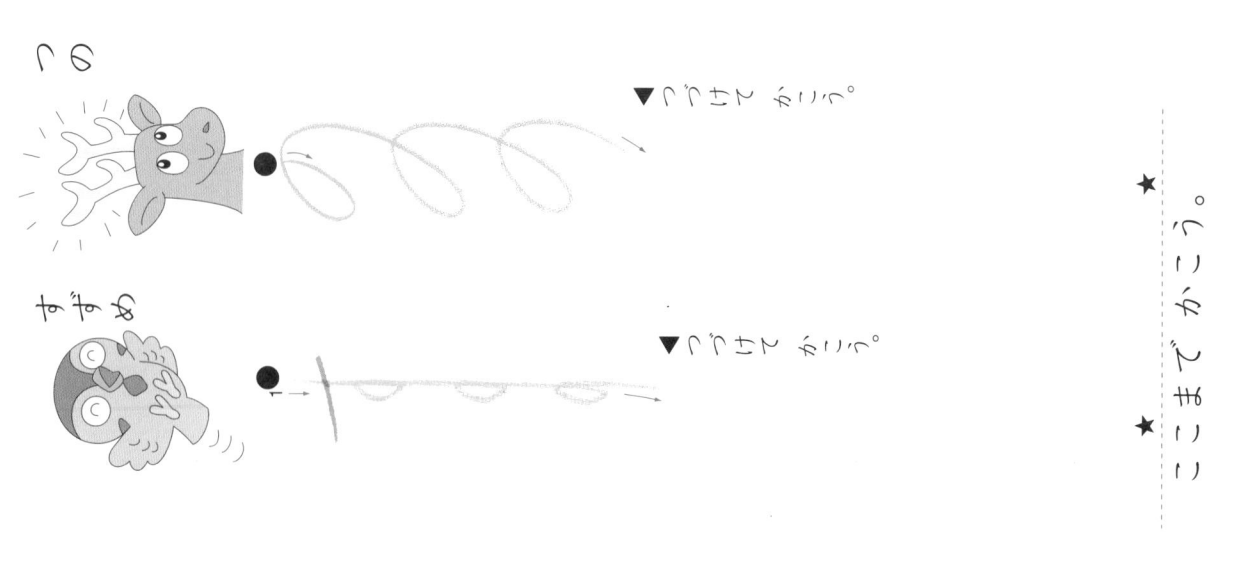

④ ●から ★へ せんを かきましょう。　(ぜんぶ かいて 25てん)

この

▼ここまで かこう。

すずめ

▼ここまで かこう。

★

★ここまで かこう。

こんかい べんきょうは むずかしかったかな。 こんどは かんぜんに できるよう がんばろう。

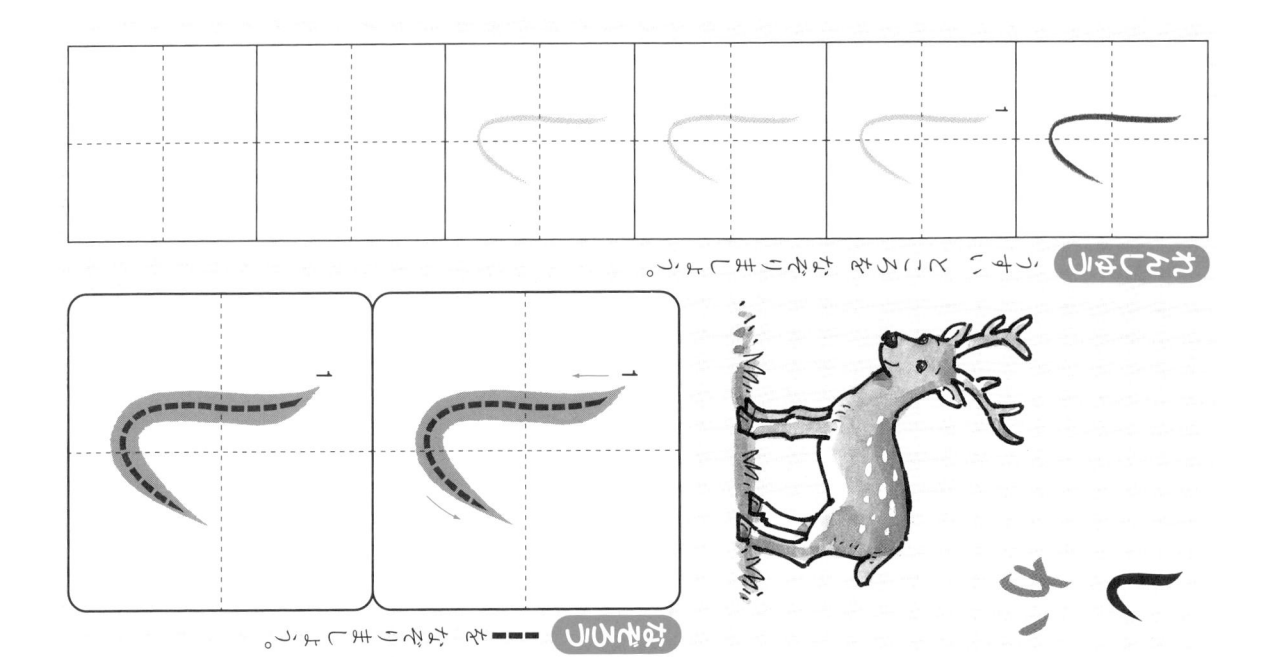

5 ひらがな
ひらがなの さくしゅん①

月　日
時分〜時分
名まえ
とくてん　／100てん

2　□に「し」を かいて ねこに かこしましょう。（まちがえた もじは 25てんです）

なぞって ---を なぞりましょう。

ひらがな　うすい ぶぶんを なぞりましょう。

1　□に「く」を かいて ねこに かこしましょう。（まちがえた もじは 25てんです）

なぞって ---を なぞりましょう。

ひらがな　うすい ぶぶんを なぞりましょう。

③ □に 「く」を てつなぎに かきましょう。 (ぜんぶ かいて 25てん)

く

なぞろう ━━━を なぞりましょう。

かいてみよう ひとつずつ ていねいに かきましょう。

④ □に 「へ」を てつなぎに かきましょう。 (ぜんぶ かいて 25てん)

へ

なぞろう ━━━を なぞりましょう。

かいてみよう ひとつずつ ていねいに かきましょう。

おうちの かたへ 「く」や「へ」を かいて みましょう。

⑥

ひらがな

ひらがなの
かきかた②

月　日

なまえ

とくてん

100てん

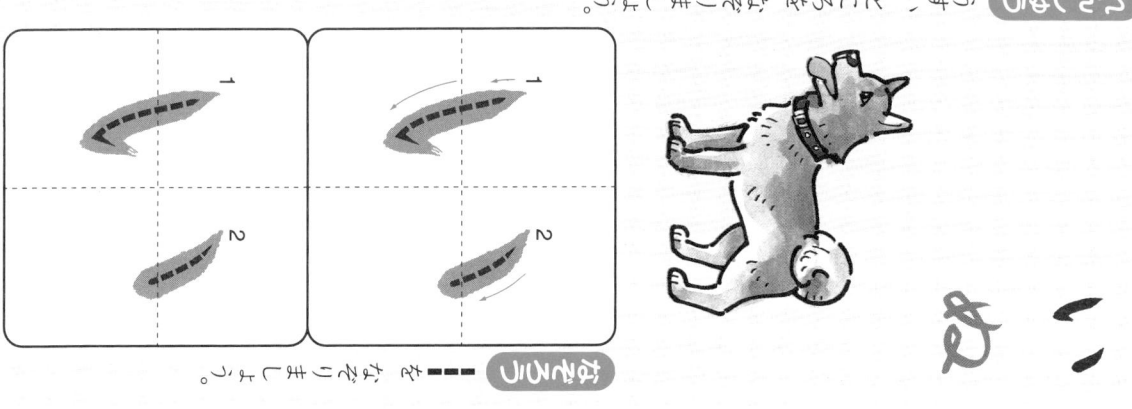

1 「い」を ていねいに なぞって かきましょう。
（ぜんぶ かいて 25てん）

なぞり --- を なぞりましょう。

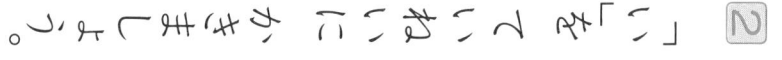

い　こま

れんしゅう ていねいに くりかえし なぞりましょう。

— 11 —

2 「こ」を ていねいに なぞって かきましょう。
（ぜんぶ かいて 25てん）

なぞり --- を なぞりましょう。

こ　いぬ

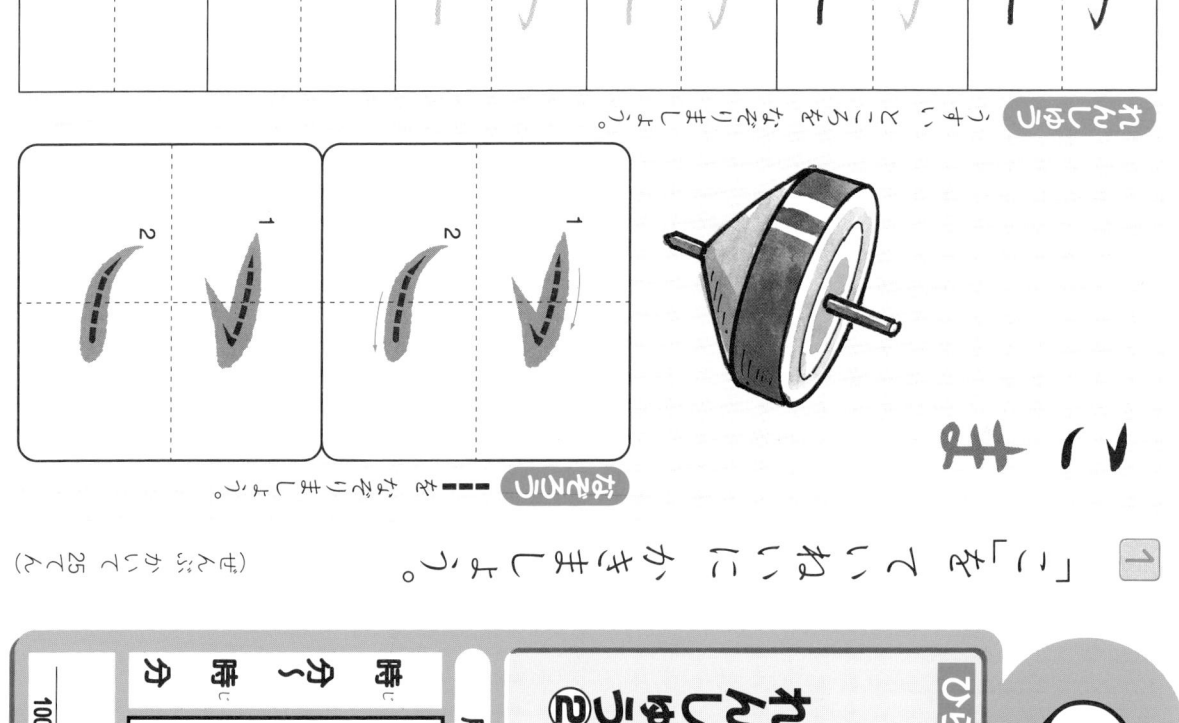

れんしゅう ていねいに くりかえし なぞりましょう。

©くもん出版

③ 「て」を ていねいに かきましょう。 （ぜんぶ かいて 25てん）

てがみ

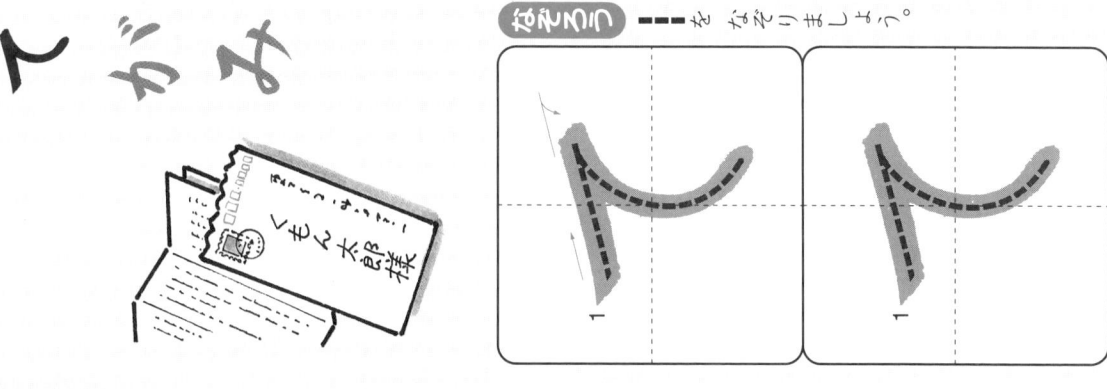

なぞろう ----を なぞりましょう。

かいてみよう うすい ところを なぞりましょう。

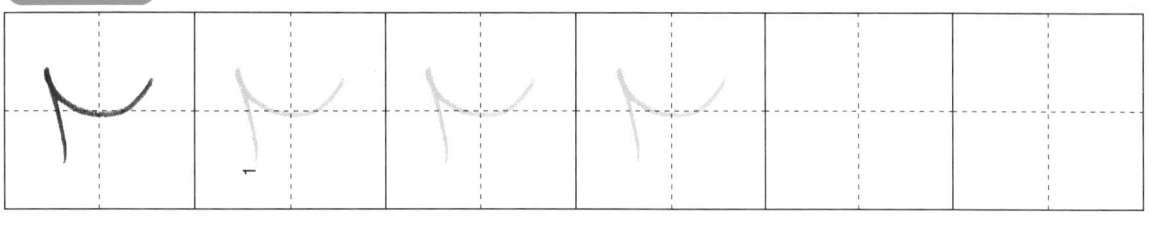

④ 「り」を ていねいに かきましょう。 （ぜんぶ かいて 25てん）

りす

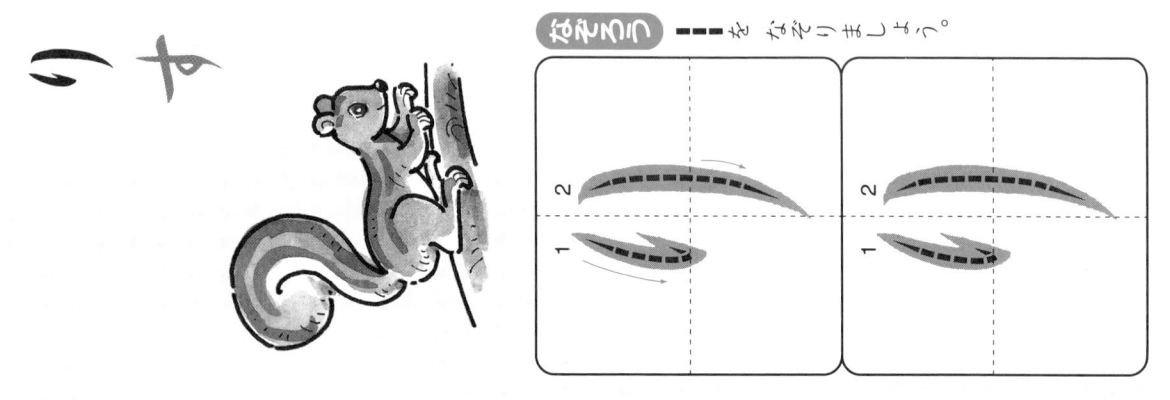

なぞろう ----を なぞりましょう。

かいてみよう うすい ところを なぞりましょう。

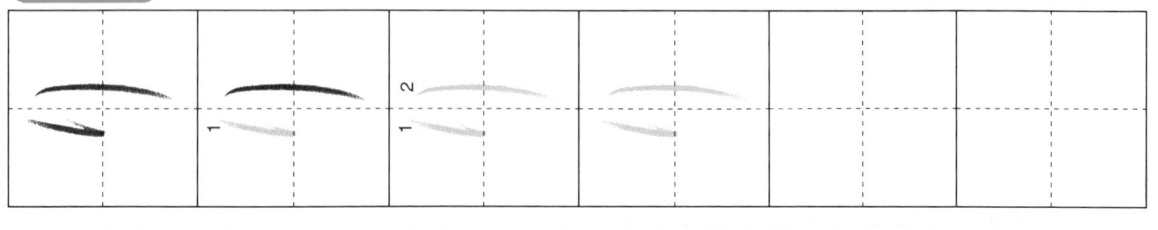

—12—

「り」は うえから したく、「て」や「り」は うえから つたいから ゆっくり かくよ。

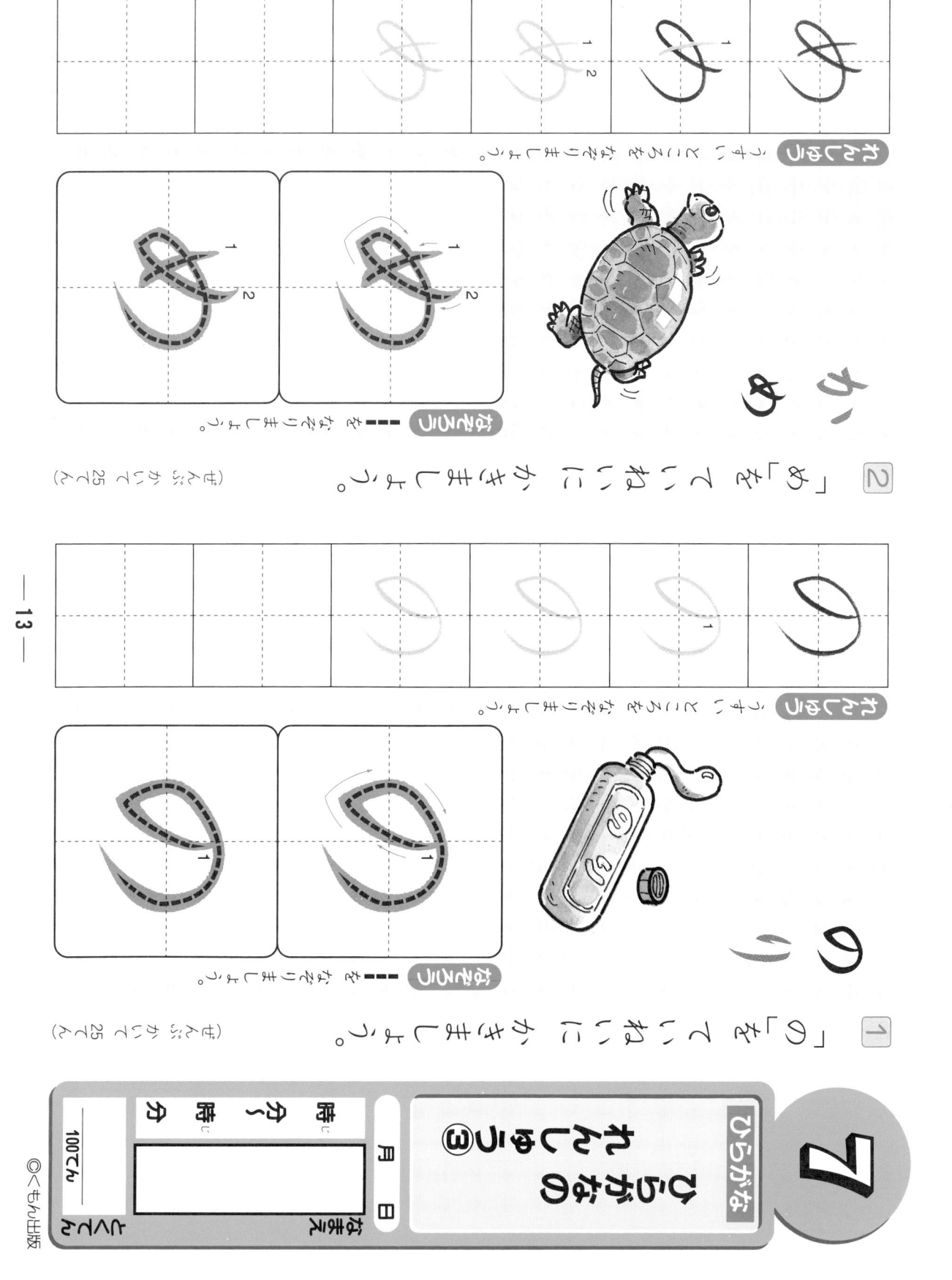

③ 「ち」を　ていねいに　かきましょう。　　（ぜんぶ　かいて　25てん）

ち　はち

©くもん出版

なぞろう　----を　なぞりましょう。

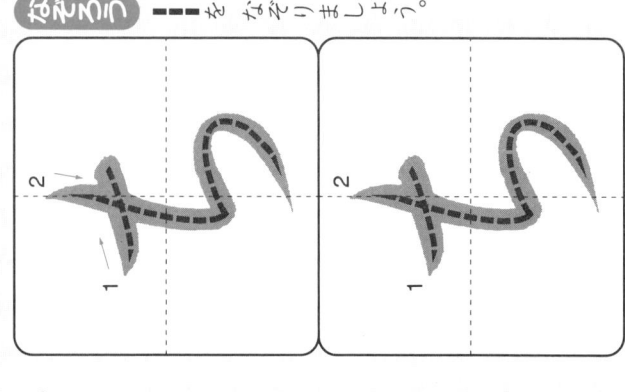

かこう　うすい　もじを　なぞりましょう。

④ 「ら」を　ていねいに　かきましょう。　　（ぜんぶ　かいて　25てん）

ら　とら

なぞろう　----を　なぞりましょう。

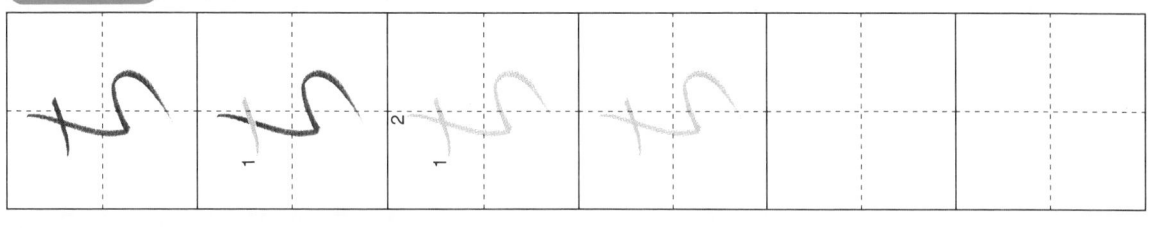

かこう　うすい　もじを　なぞりましょう。

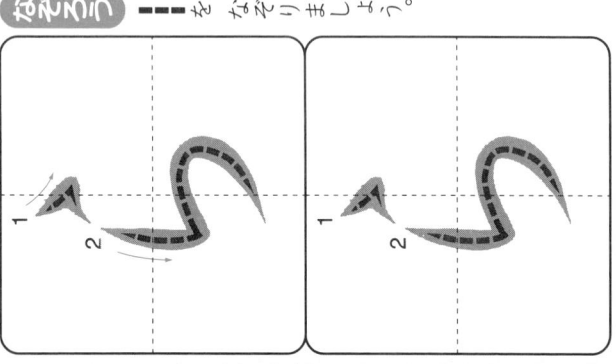

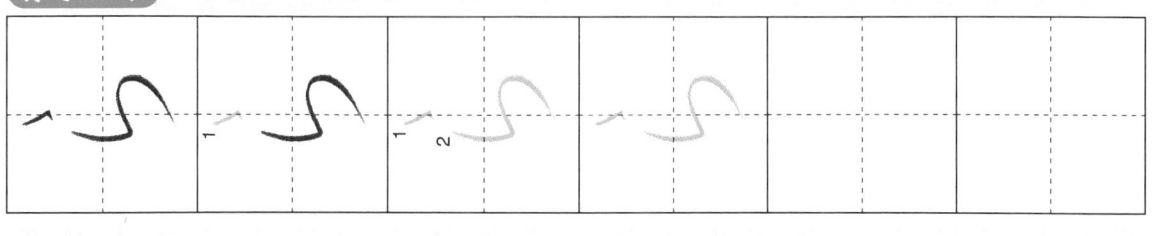

「ら」と「さ」、「ち」と「ら」は、かたちが　にて　いるので　まちがわない　ように　きを　つけましょう。

©くもん出版

8

ひらがな
ひらがなの
かきじゅん④

月　日

なまえ

じかん
　時
　分
〜
　時
　分

てん
100てん

1　「い」を ていねいに なぞって かきましょう。（ぜんぶ かけて 25てん）

い

なぞり ---- を なぞりましょう。

れんしゅう
うすい ところを なぞって かきましょう。

2　「え」を ていねいに なぞって かきましょう。（ぜんぶ かけて 25てん）

えき

なぞり ---- を なぞりましょう。

れんしゅう
うすい ところを なぞって かきましょう。

③ 「サ」を　じゅんに　かきましょう。　　(ぜんぶ　かいて　25てん)

サクラ

なぞろう　----を　なぞりましょう。

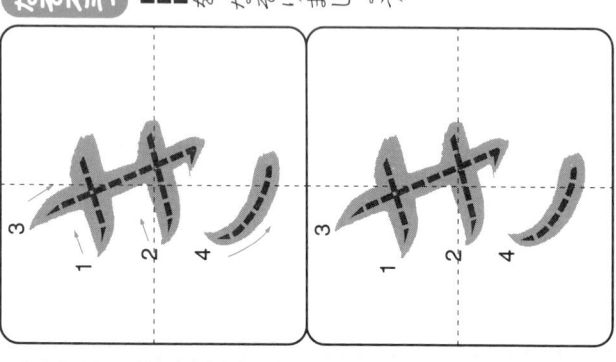

れんしゅう　うすい　もじから　なぞりましょう。

④ 「キ」を　じゅんに　かきましょう。　　(ぜんぶ　かいて　25てん)

キツネ

なぞろう　----を　なぞりましょう。

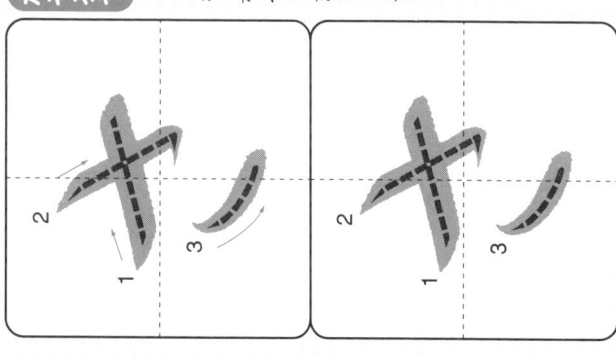

れんしゅう　うすい　もじから　なぞりましょう。

「サ」と「キ」は、かたちが にて いるよ。「サ」は たてが 2本、「キ」は 3本 あるから ちがいを つけてね。

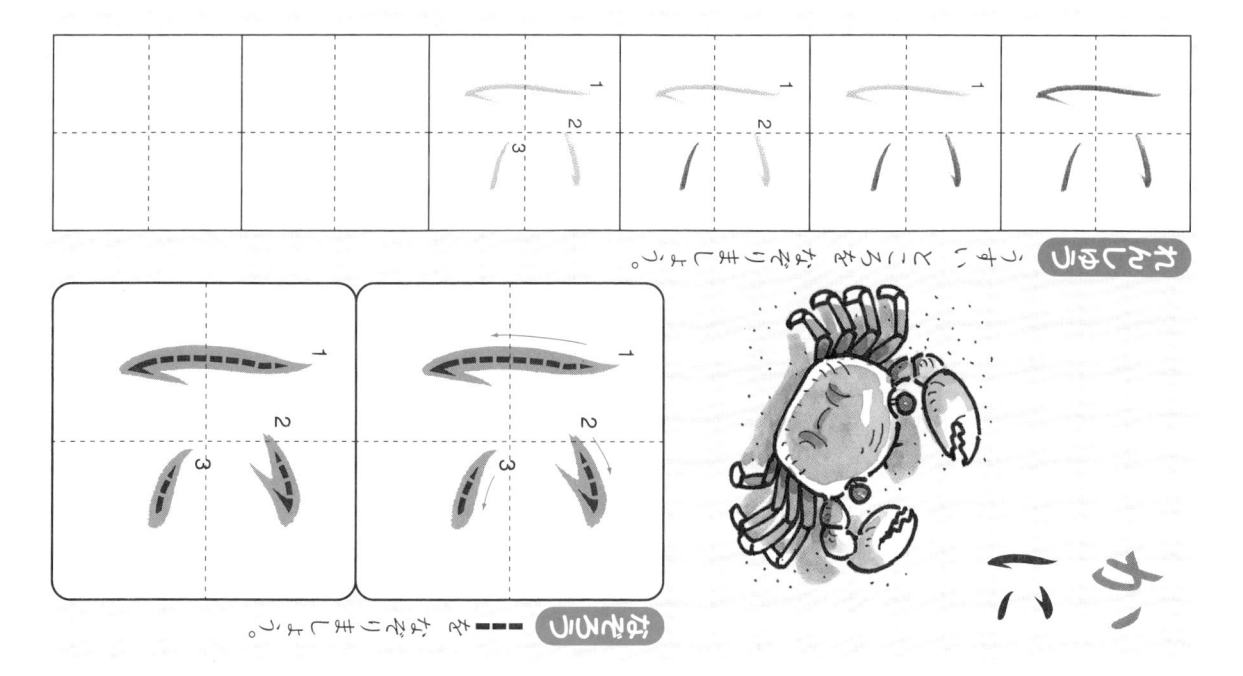

9 ひらがな

ひらがなの れんしゅう⑤

月　日

なまえ

時　分～　時　分

とくてん　100てん

1 「け」を ていねいに かきましょう。（ぜんぶ かいて 25てん）

けいと

なぞろう ━━━を なぞりましょう。

けけ

れんしゅう うすい ところを なぞりましょう。

けけけけ

2 「に」を ていねいに かきましょう。（ぜんぶ かいて 25てん）

かに

なぞろう ━━━を なぞりましょう。

にに

れんしゅう うすい ところを なぞりましょう。

にににに

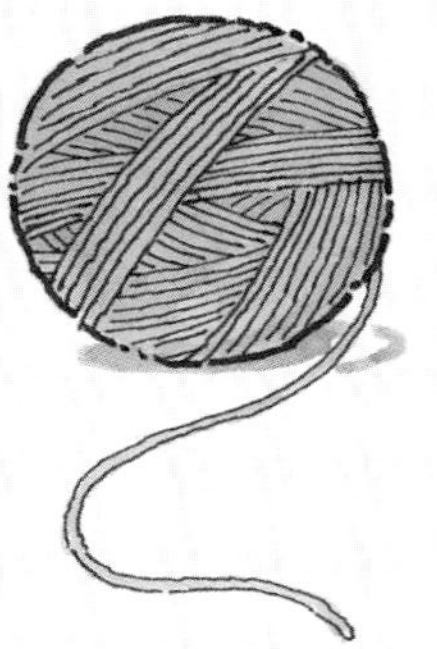

③ 「せ」を ていねいに かきましょう。 （ぜんぶ かいて 25てん）

せ

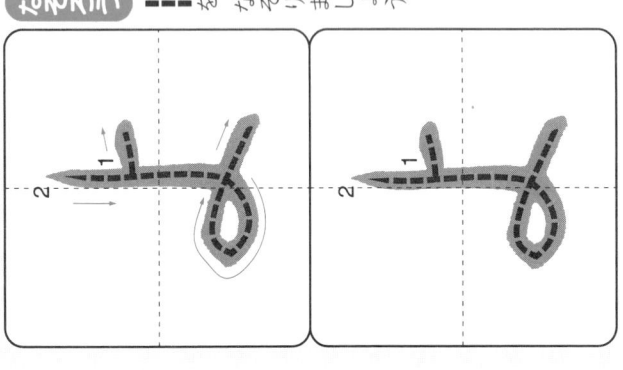

なぞりがき ----を なぞりましょう。

かきじゅん うすい じぶんを なぞりましょう。

④ 「そ」を ていねいに かきましょう。 （ぜんぶ かいて 25てん）

そ

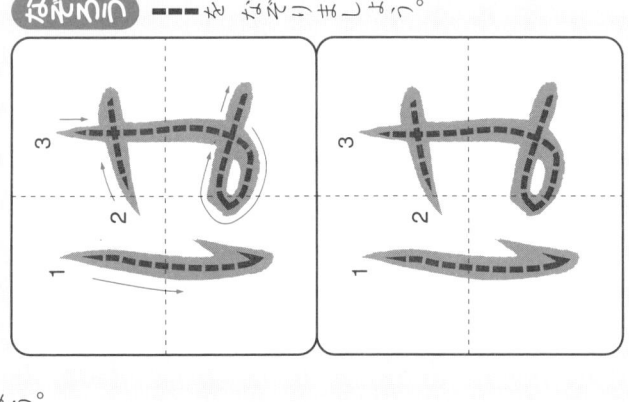

なぞりがき ----を なぞりましょう。

かきじゅん うすい じぶんを なぞりましょう。

─ 18 ─

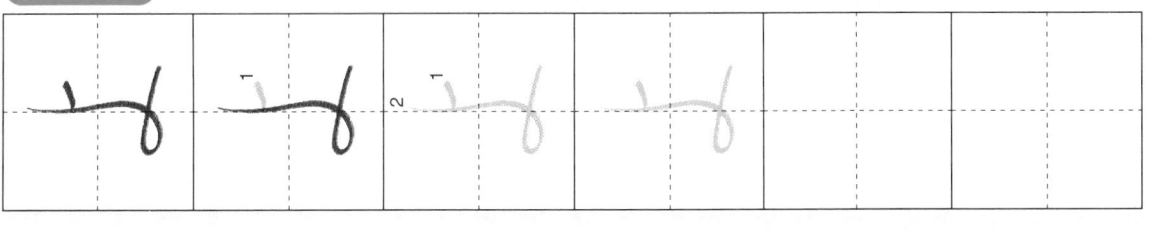

「せ」と「そ」は、「そ」の まがり方の かたちが ちがう。また つぎの かたち。

ひらがな

ひらがなの れんしゅう⑥
ふくしゅう

なまえ

月　日

時　分～時　分

100てん

©くもん出版

1　えに あうように、□に ひらがなを かきましょう。
（ひとつ 10てん）

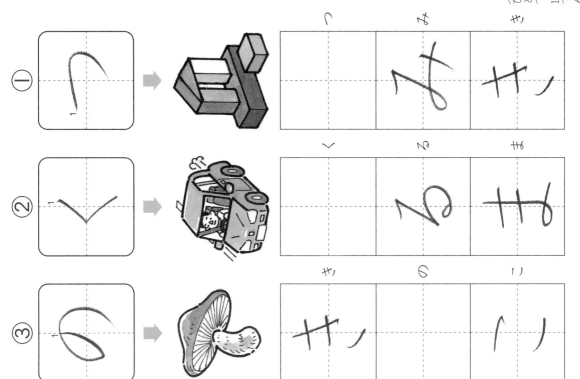

2　□に「つ」か「り」を かきましょう。（ひらがなを ひとつ かくと 10てん）

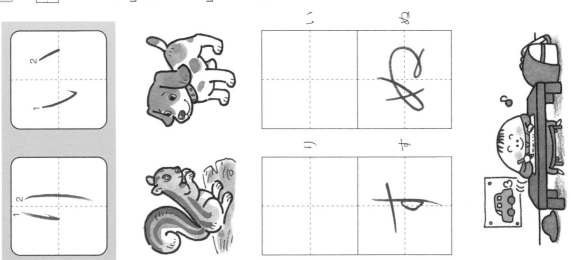

3 えに あうように、□に ひらがなを かきましょう。（ひとつ 10てん）

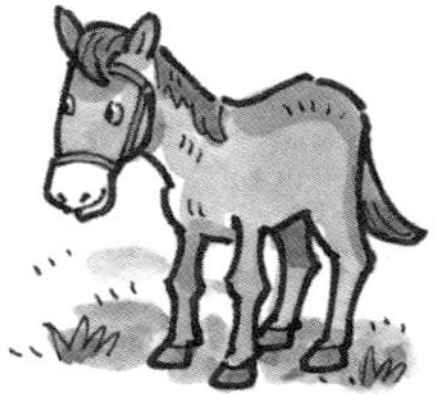

① う

う ま

ま

② え

え ほ ん

ほ ん

③ は

は さ み

さ み

4 □に 「き」か 「さ」を かきましょう。（ひらがなを ひとつ かいて 10てん）

き　さ

か き

か

さ る

る

2の 「い」と 「り」、4の 「き」と 「さ」の かたちを ただしく おぼえようね。

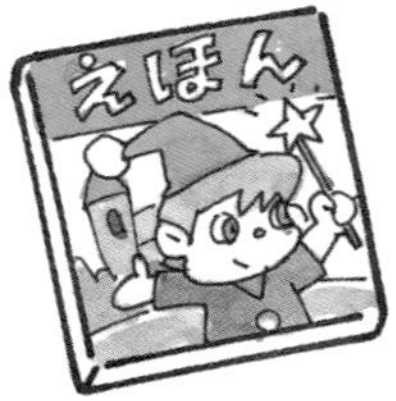

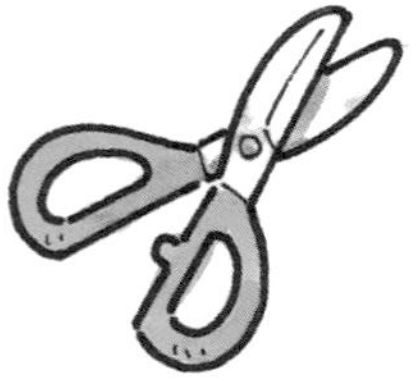

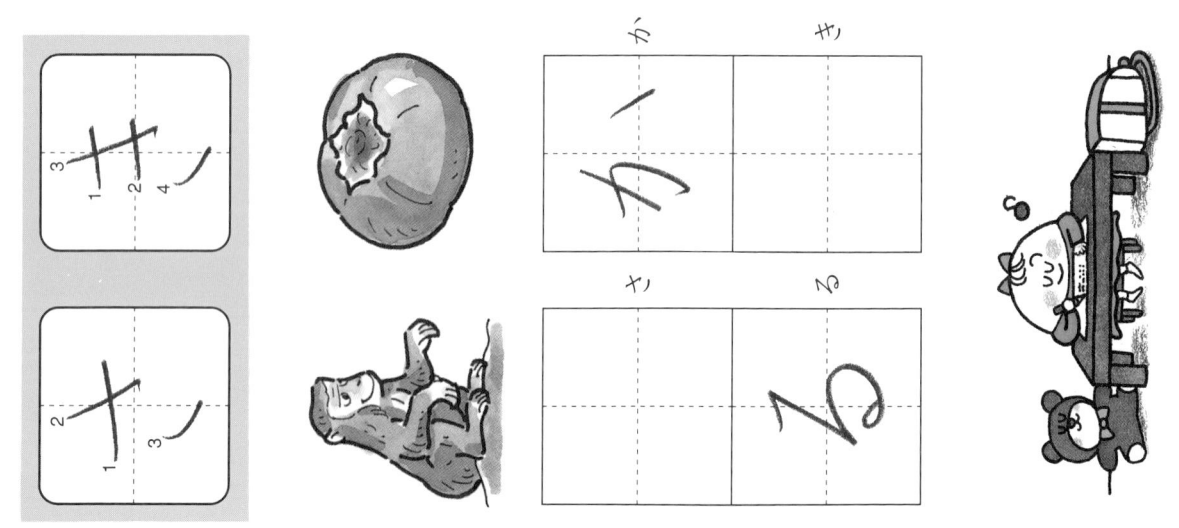

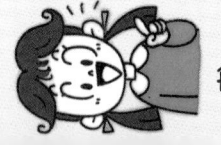

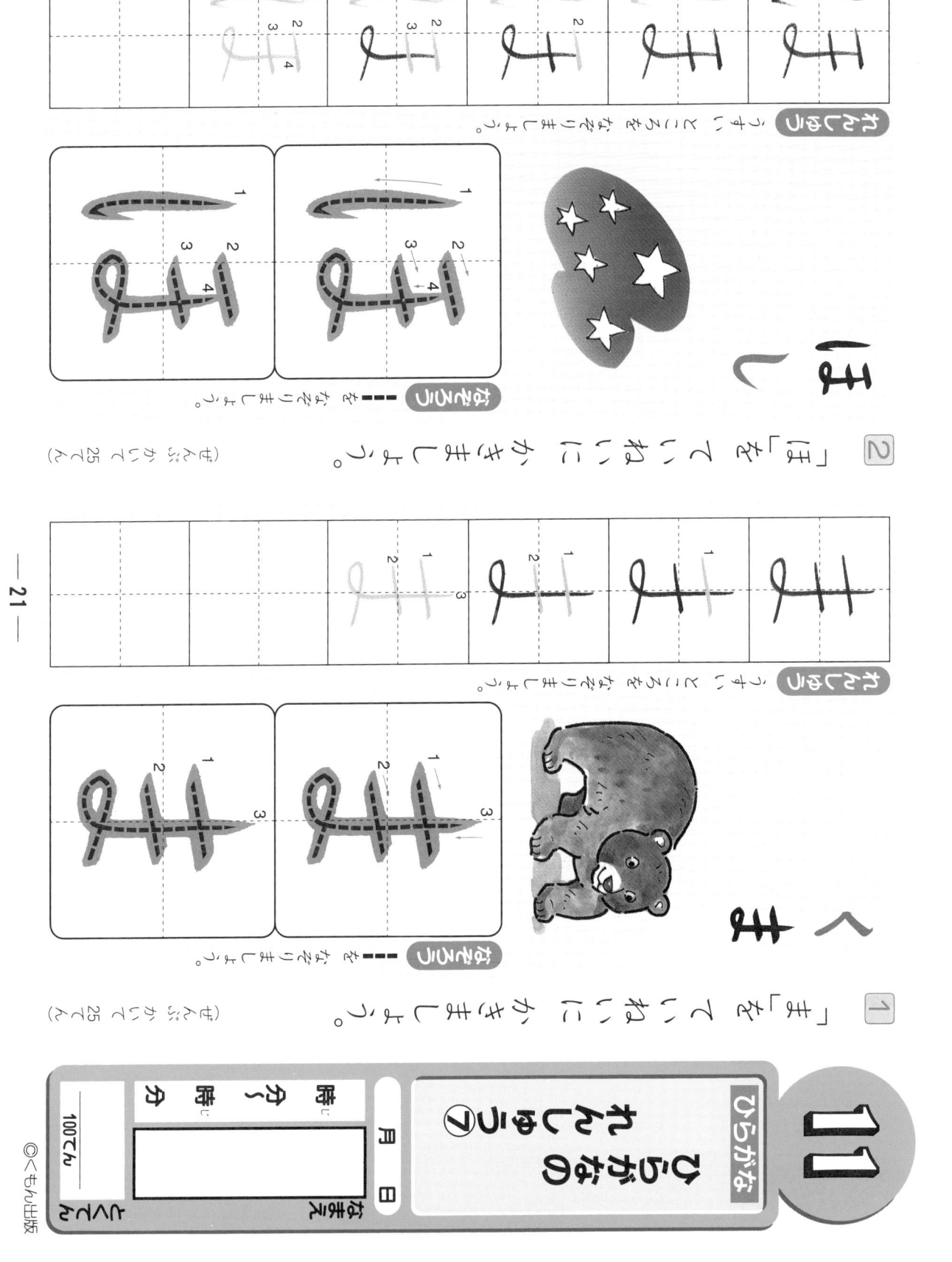

れんしゅう ・ あいた ところに れんしゅうしましょう。

なぞり --- を なぞりましょう。

② 「ほ」を ていねいに かきましょう。 (ぜんぶ かいて 25てん)

ほ
し

れんしゅう ・ あいた ところに れんしゅうしましょう。

なぞり --- を なぞりましょう。

① 「ま」を ていねいに かきましょう。 (ぜんぶ かいて 25てん)

く ま

11

ひらがな

ひらがなの れんしゅう⑦

なまえ

月 日

時 分 〜 時 分

とくてん ／100てん

© くもん出版

③ 「な」を ていねいに かきましょう。 （ぜんぶ かいて 25てん）

なぞりがき ---- を なぞりましょう。

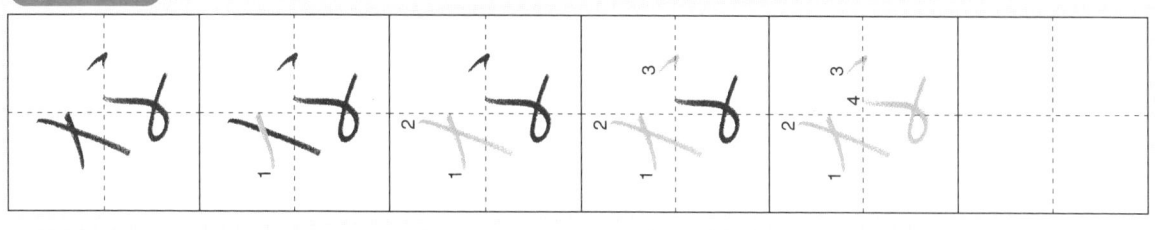

れんしゅう うすい ところを なぞりましょう。

④ 「ね」を ていねいに かきましょう。 （ぜんぶ かいて 25てん）

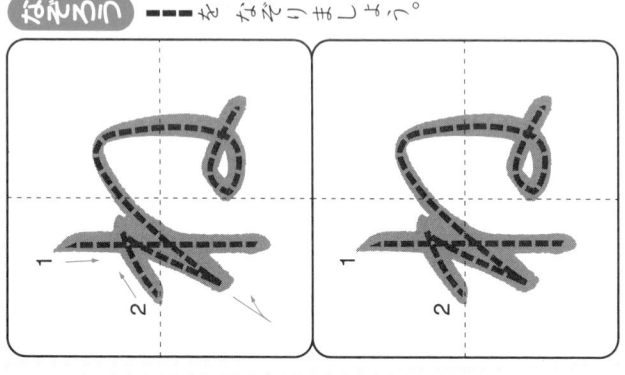

なぞりがき ---- を なぞりましょう。

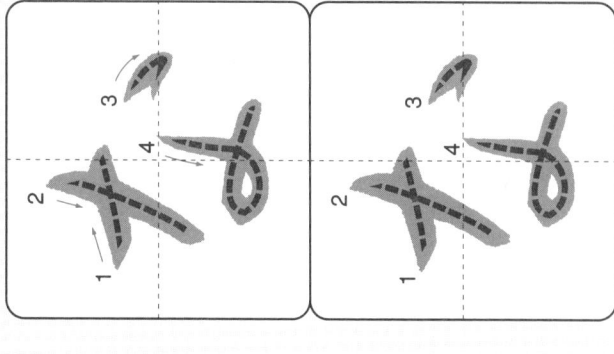

れんしゅう うすい ところを なぞりましょう。

のこりの ひらがなの 「ま」「み」「む」「な」「ね」の かきじゅんが、しっかり わかる ように なったかな。

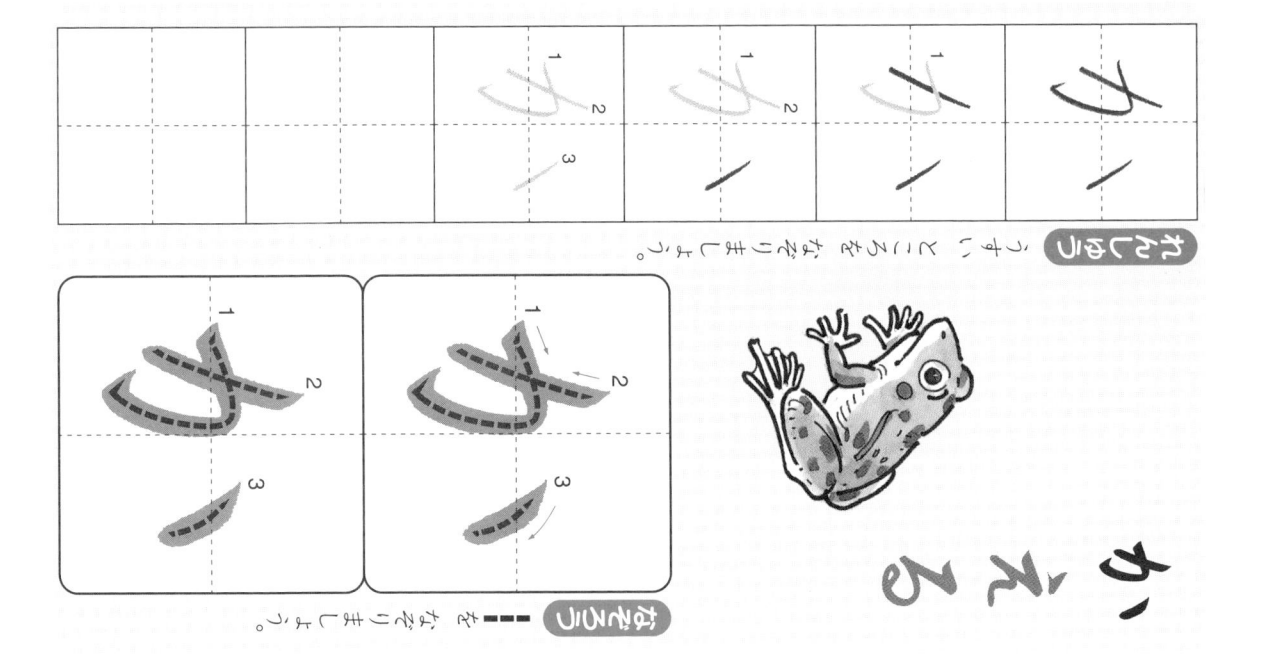

れんしゅう うすい じを なぞってから かきましょう。

なぞり ━━を なぞりましょう。

② 「か」を ていねいに かきましょう。　（ぜんぶ かいて 25てん）

かえる

— 23 —

れんしゅう うすい じを なぞってから かきましょう。

なぞり ━━を なぞりましょう。

① 「た」を ていねいに かきましょう。　（ぜんぶ かいて 25てん）

ほたる

ひらがな	
ひらがなの れんしゅう⑧	

12

月 日	なまえ
時 分 ～ 時 分	

100てん　　てん

© くもん出版

③ 「う」を ていねいに かきましょう。 (ぜんぶ かいて 25てん)

うま

なぞりがき ---- を なぞりましょう。

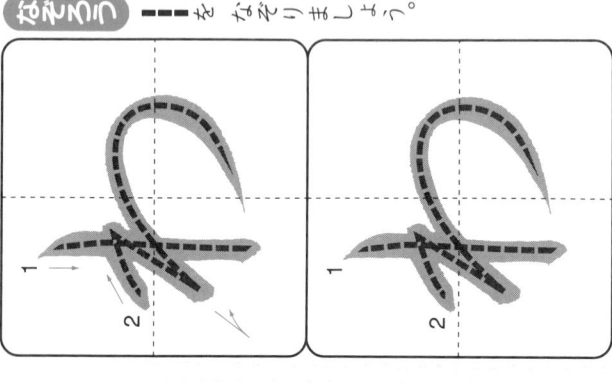

かきじゅん うすい ところを なぞりましょう。

④ 「わ」を ていねいに かきましょう。 (ぜんぶ かいて 25てん)

わに

なぞりがき ---- を なぞりましょう。

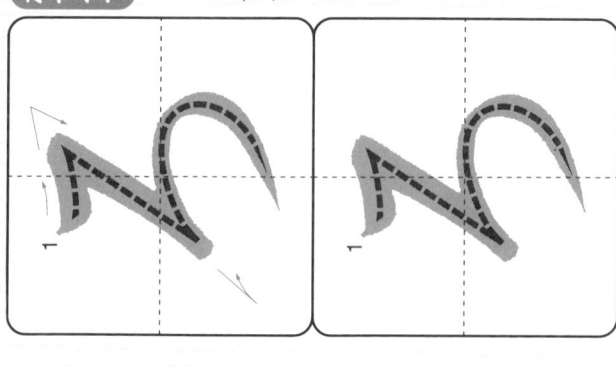

かきじゅん うすい ところを なぞりましょう。

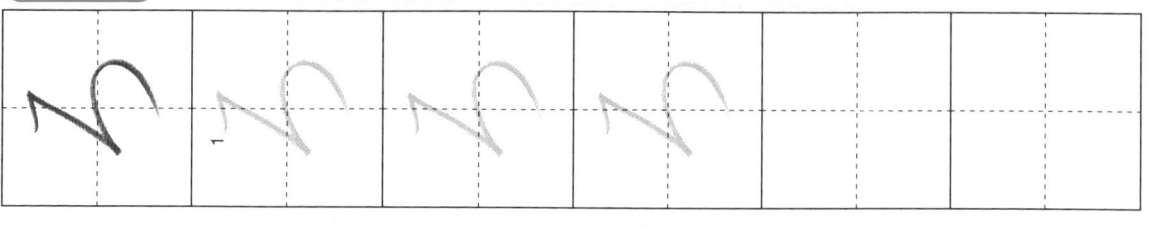

— 24 —

「だ」と「か」の 2かくめ(2ばんめに かく せん)は、「へ」のように ななめに かくよ。

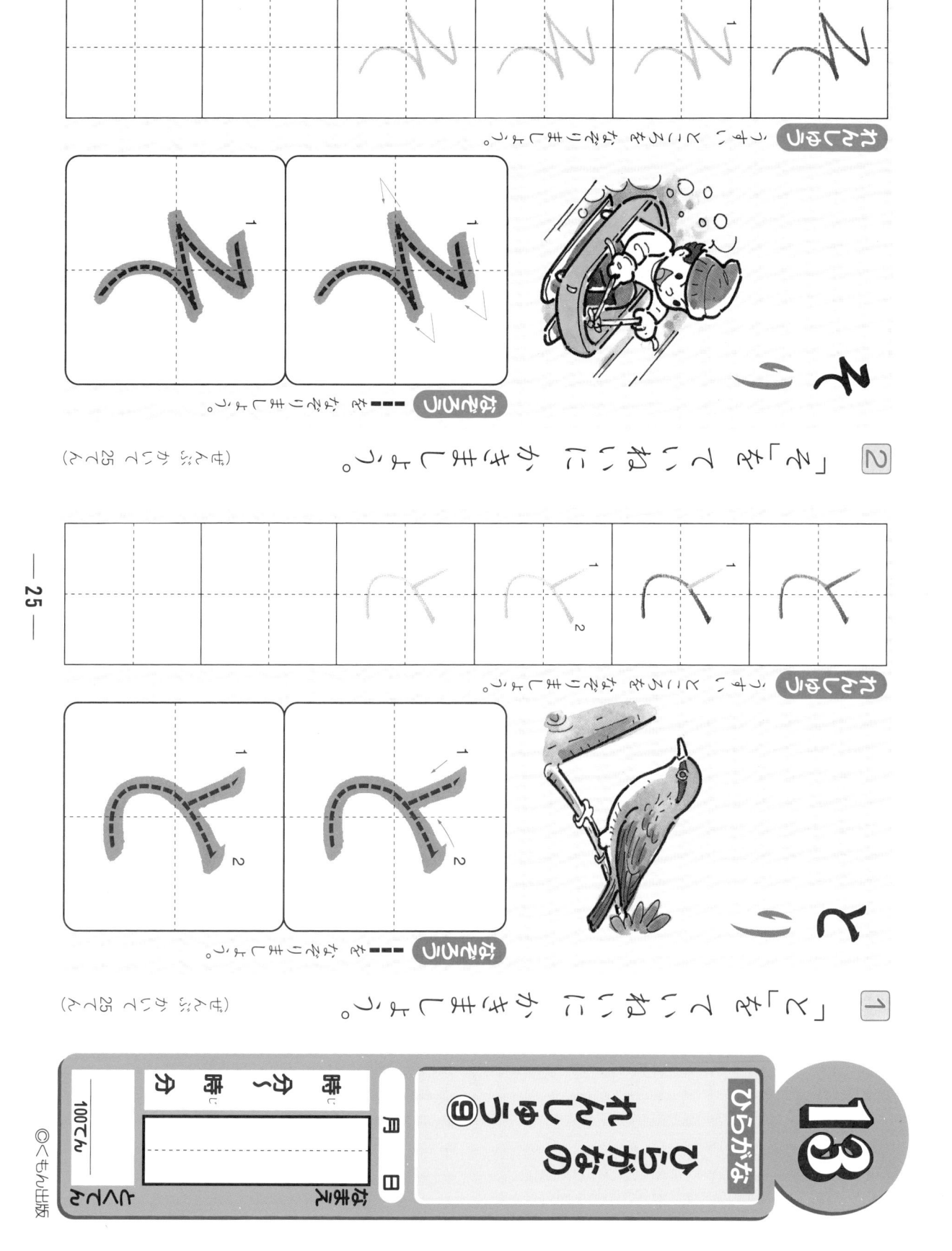

©くもん出版

③ 「も」を　こくばんに　かきましょう。　（ぜんぶ かいて 25てん）

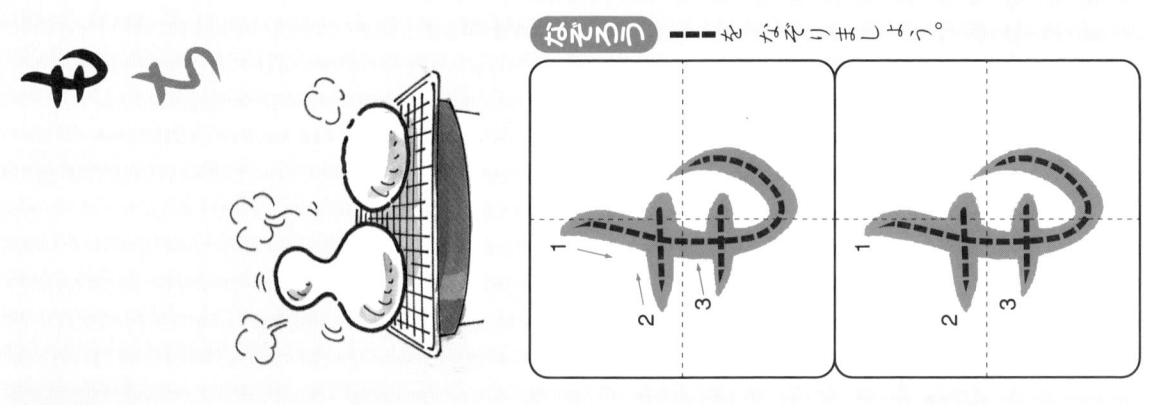

なぞろう　----を なぞりましょう。

れんしゅう　うすい ところを なぞりましょう。

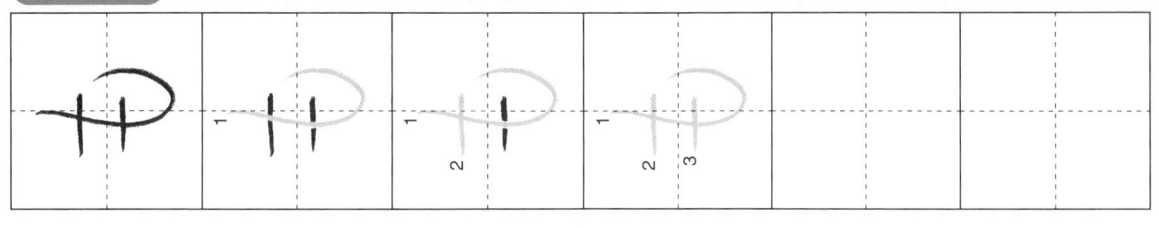

④ 「せ」を　こくばんに　かきましょう。　（ぜんぶ かいて 25てん）

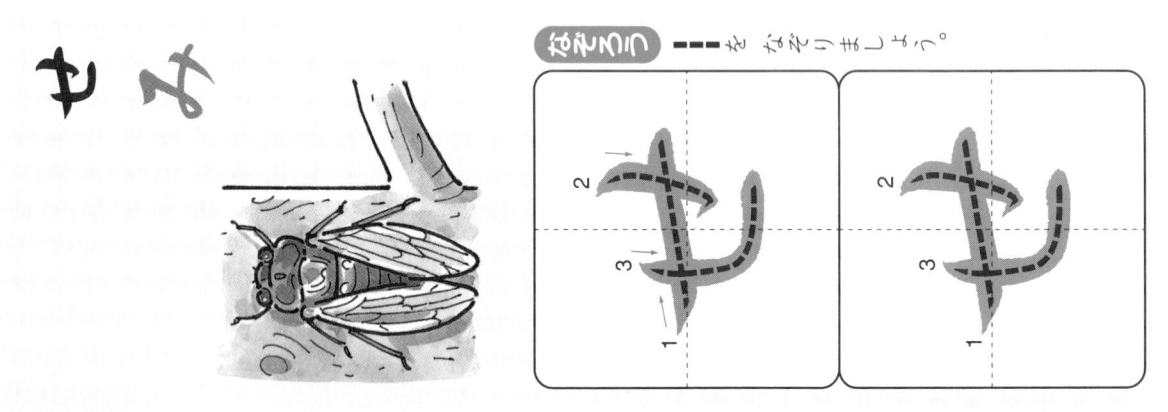

なぞろう　----を なぞりましょう。

れんしゅう　うすい ところを なぞりましょう。

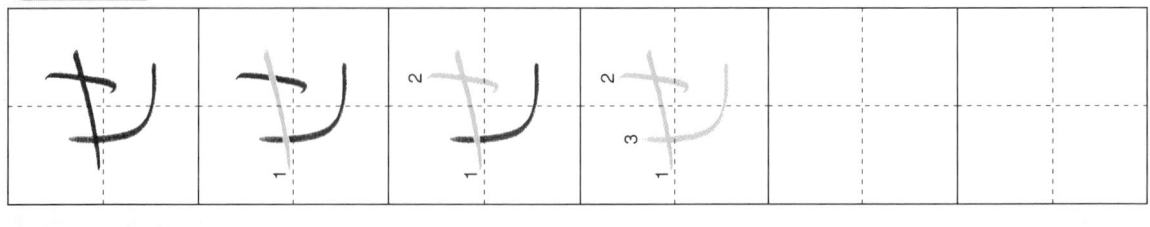

「も」「せ」、「し」を たてに かくよ。「せ」の かきじゅんに ちゅうい しよう。
かきじゅん おぼえて かこう。

©くもん出版

© くもん出版

14

ひらがな

ひらがなの　れんしゅう⑩

月　　日

なまえ

時　分
～
時　分

とくてん

100てん

1　「す」を　こえに　だして　かきましょう。

なぞり　----　を　なぞりましょう。

れんしゅう　うすい　もじを　なぞりながら　かきましょう。

（せんぶ　かいて　25てん）

すいか

2　「み」を　こえに　だして　かきましょう。

なぞり　----　を　なぞりましょう。

れんしゅう　うすい　もじを　なぞりながら　かきましょう。

（せんぶ　かいて　25てん）

みかん

③ 「り」を じゅんに かきましょう。　(ぜんぶ かいて 25てん)

ひまわり

なぞろう　----を なぞりましょう。

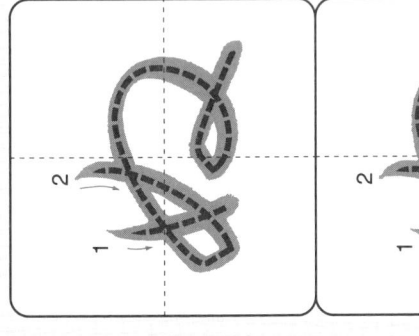

かいてみよう　うすい じを なぞって かきましょう。

④ 「め」を じゅんに かきましょう。　(ぜんぶ かいて 25てん)

もぐら

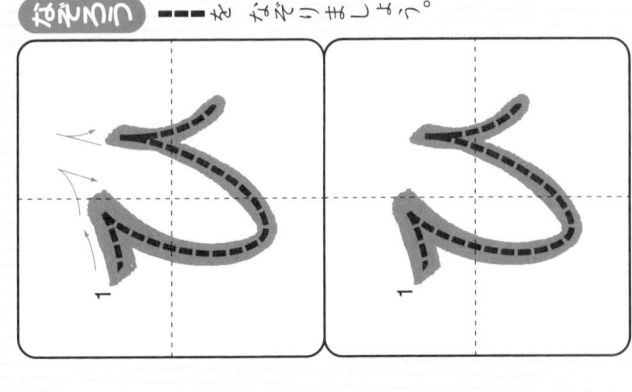

なぞろう　----を なぞりましょう。

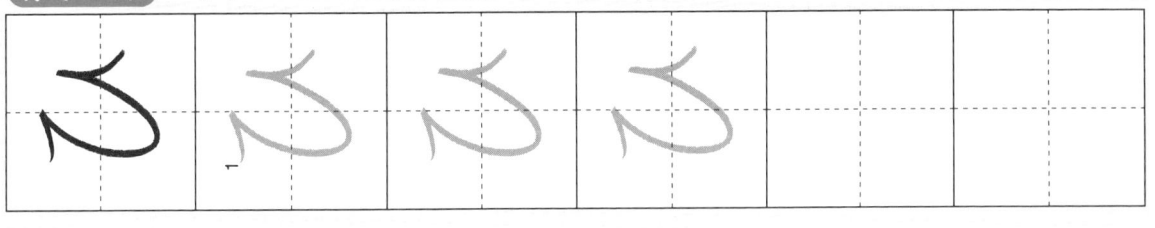

かいてみよう　うすい じを なぞって かきましょう。

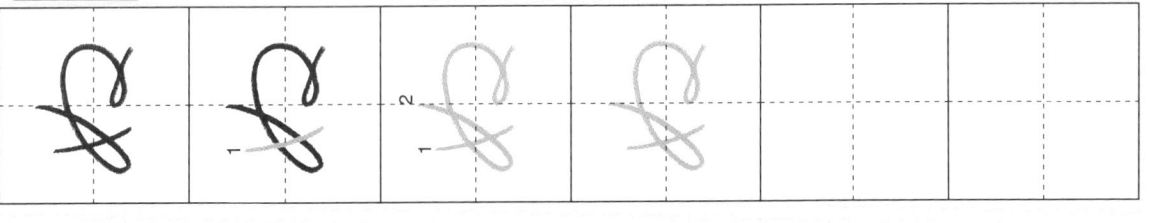

どれも かたちの むずかしい もじだね。ていねいに かいて、ただしく おぼえようね。

15

ひらがな
かきかたの
れんしゅう⑪

月　日　なまえ

時分
時分

とくてん

100てん

1 「お」を ていねいに かきましょう。（ぜんぶかいて 25てん）

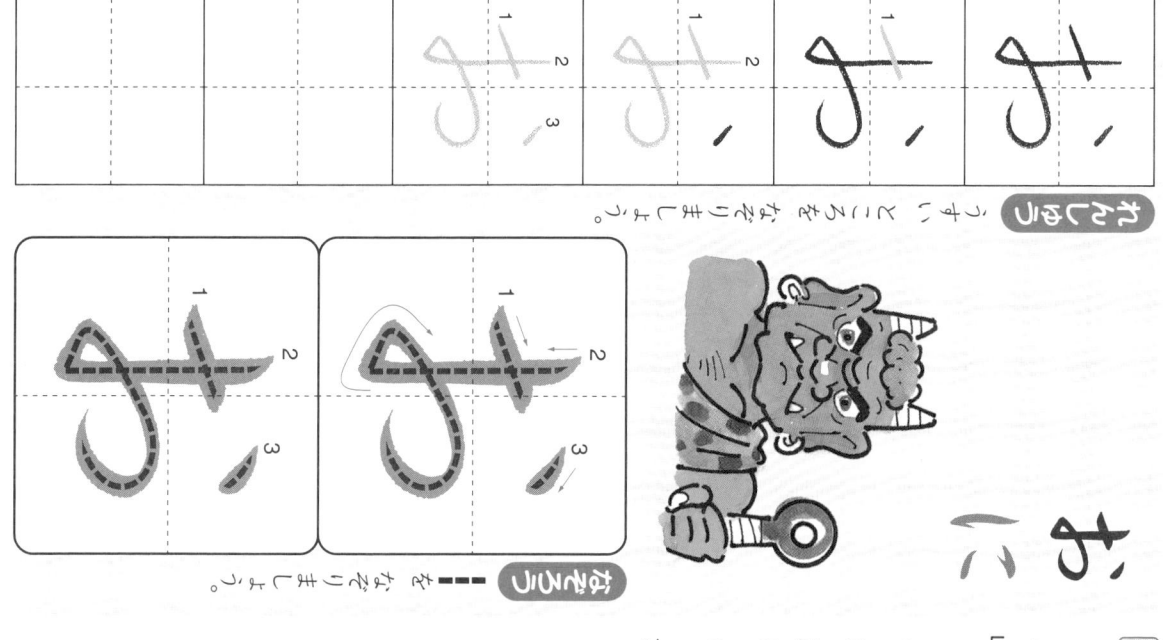

なぞり --- を なぞりましょう。

れんしゅう うすい ところを ていねいに なぞりましょう。

2 「む」を ていねいに かきましょう。（ぜんぶかいて 25てん）

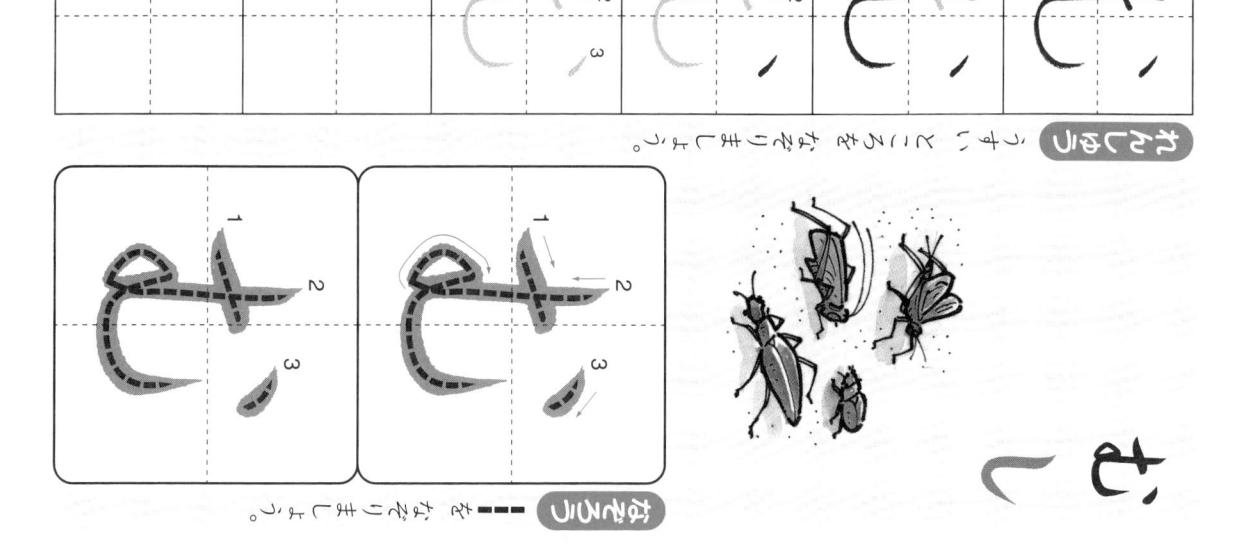

なぞり --- を なぞりましょう。

れんしゅう うすい ところを ていねいに なぞりましょう。

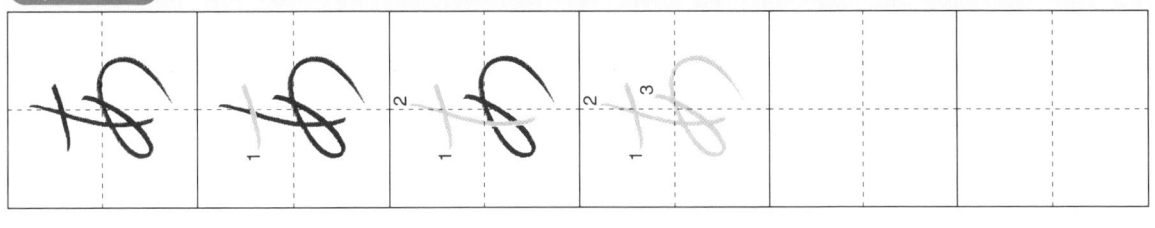

③ 「あ」を　ていねいに　かきましょう。　(ぜんぶ かいて 25てん)

なぞり ----を なぞりましょう。

かきとり うすい もじを なぞりましょう。

④ 「ろ」を　ていねいに　かきましょう。　(ぜんぶ かいて 25てん)

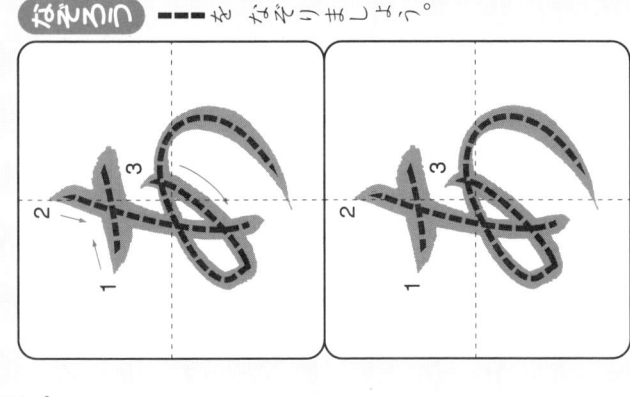

なぞり ----を なぞりましょう。

かきとり うすい もじを なぞりましょう。

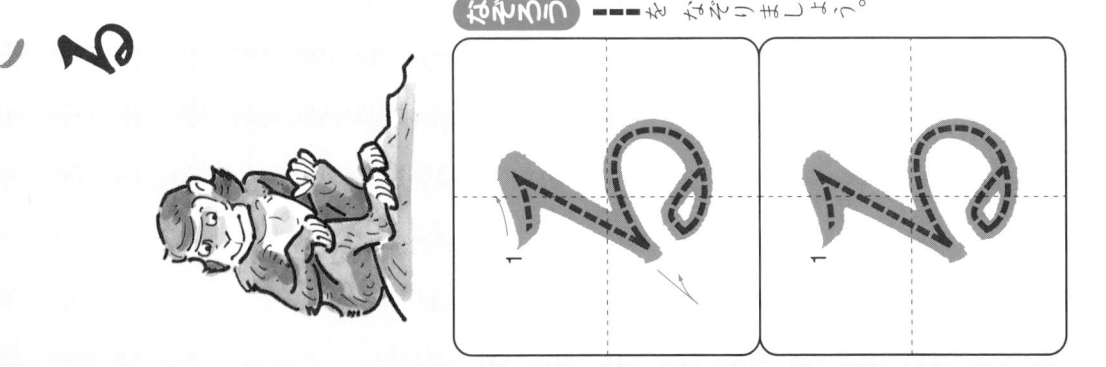

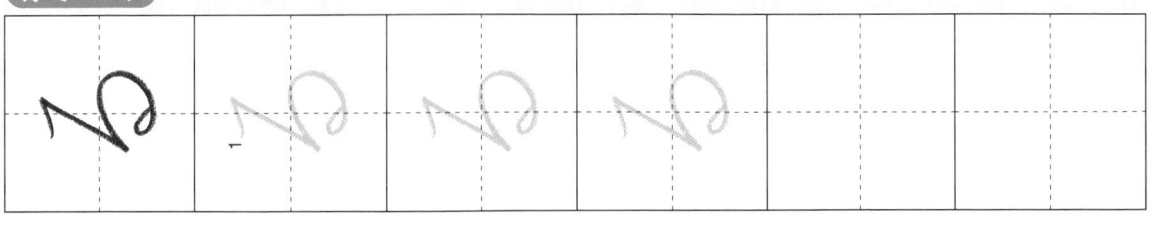

「あ」や 「ろ」は、おなじように かく ところの おおい もじだよ。にて いるね。

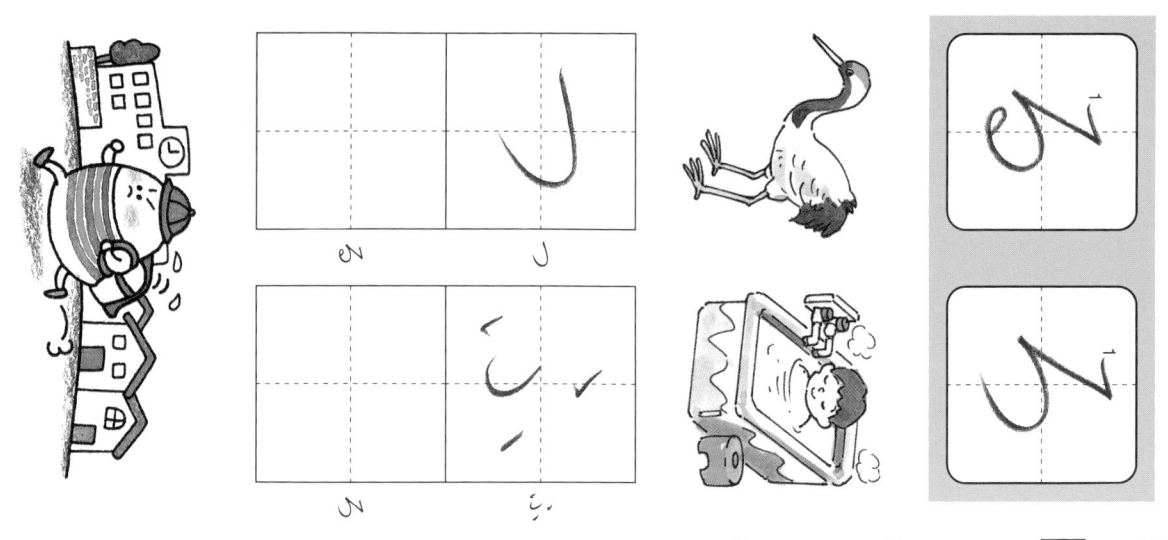

16

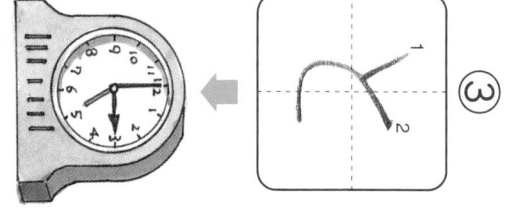

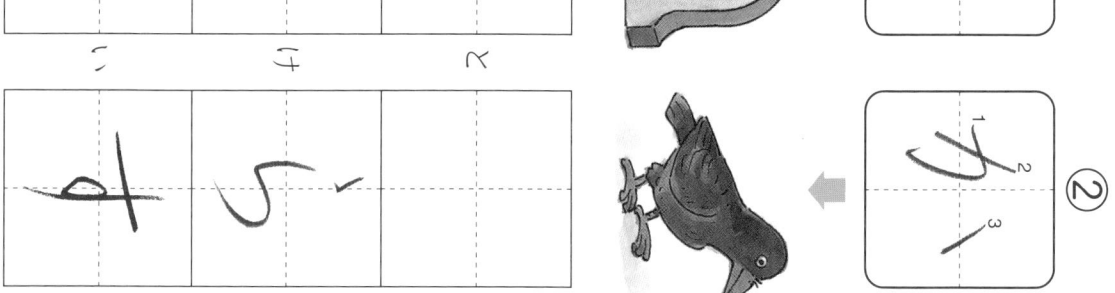

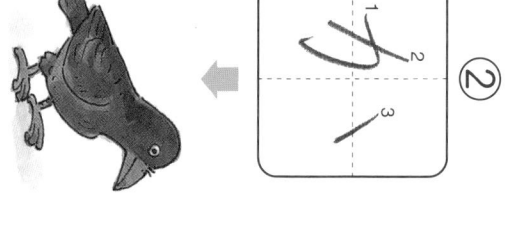

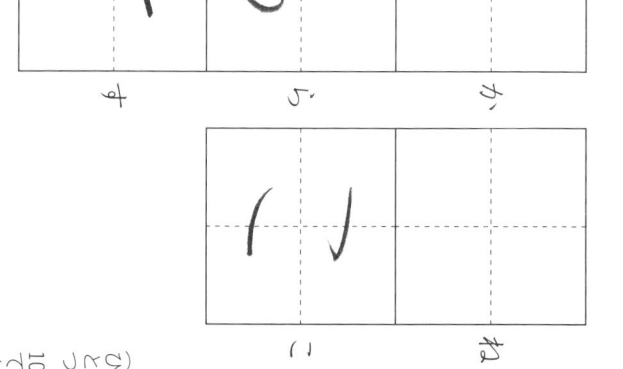

ひらがな

いみとつかい

⑫ひらがなの かきとり

©くもん出版

月　日	なまえ
時　分 ～ 時　分	こたえ
	100てん｜ てん

② □に「ん」か「ら」を かきましょう。(ぜんぶかけて ひとつ 10てん)

① □に え に あう ことばに、□に ひらがなを かきましょう。(ひとつ 10てん)

③ えに あうように、□に ひらがなを かきましょう。(ひとつ 10てん)

① いぬ

② ことり

③ すずめ

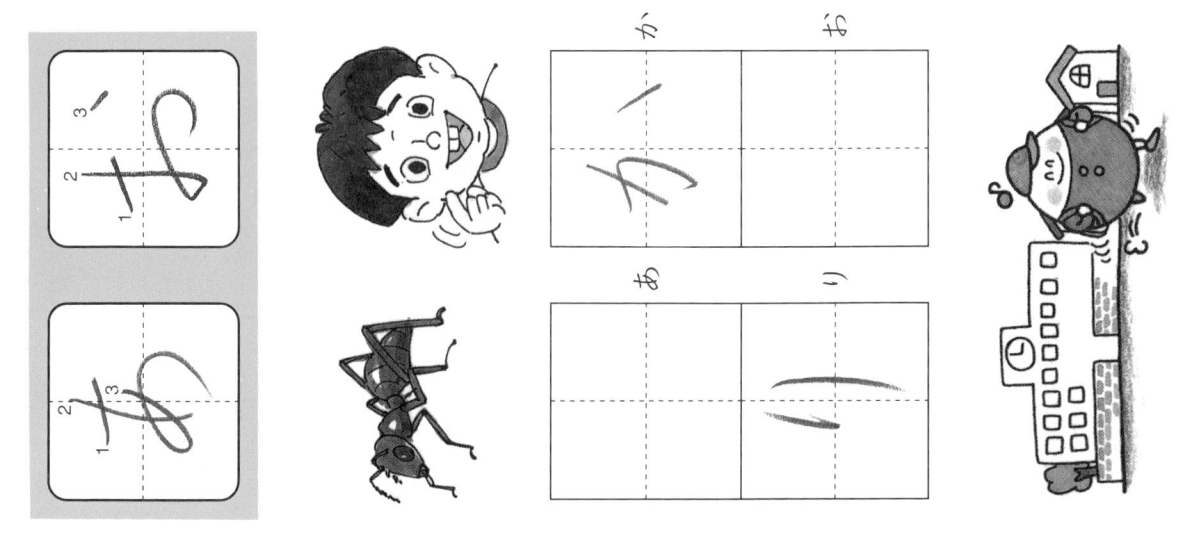

④ □に 「お」か 「あ」を かきましょう。(ひらがなを つかって かいて 10てん)

かお

あり

③の 「え」と 「め」、④の 「お」と 「あ」の かたちが ただしく かけているかな。かきじゅんも まちがえないように ちゅういしようね。

ⓒくもん出版

ひらがな

ひらがなの
かきかた⑬

月　日

なまえ

てん
100てん

とく
てん

なまえ

とく
てん

1 「ゆ」を れんしゅう しましょう。（1もじ 25てん）

なぞり ━━━ を なぞりましょう。

れんしゅう うすい もじを なぞりながら かきましょう。

—33—

2 「や」を れんしゅう しましょう。（1もじ 25てん）

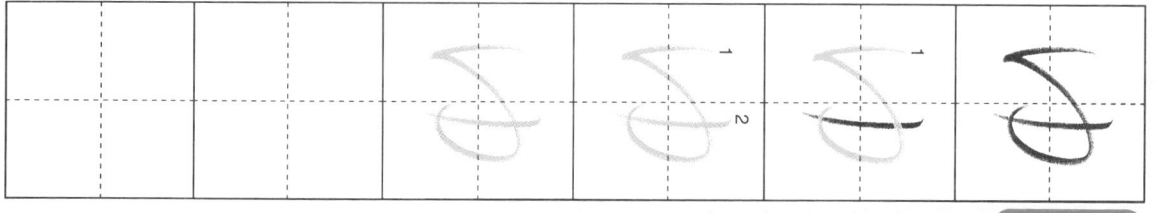

なぞり ━━━ を なぞりましょう。

れんしゅう うすい もじを なぞりながら かきましょう。

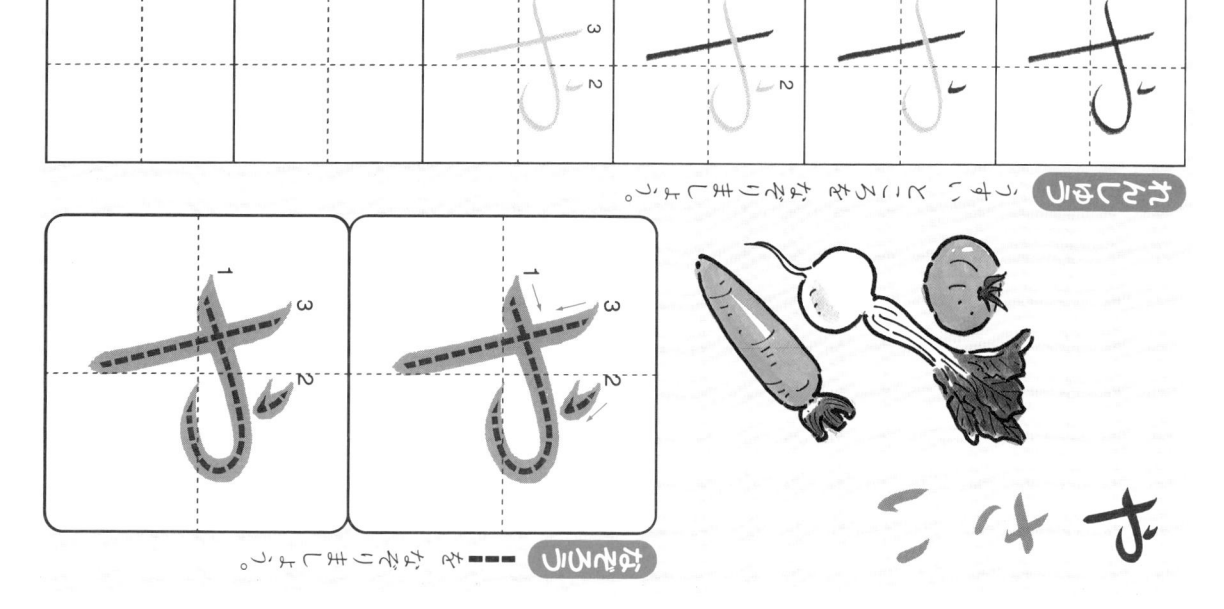

③ 「れ」を ていねいに かきましょう。 （ぜんぶ かいて 25てん）

なぞろう ----を なぞりましょう。

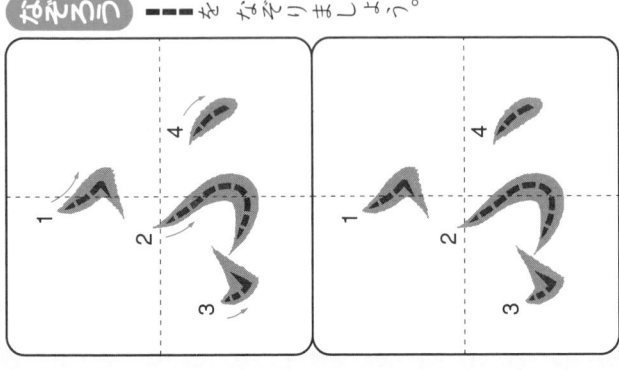

かいてみよう うすい もじを なぞりましょう。

④ 「ふ」を ていねいに かきましょう。 （ぜんぶ かいて 25てん）

なぞろう ----を なぞりましょう。

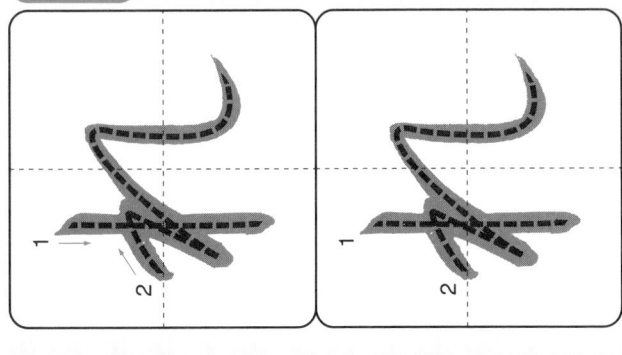

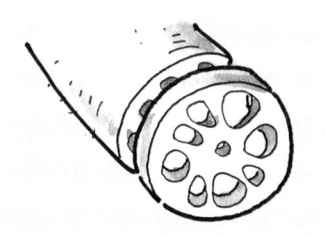

かいてみよう うすい もじを なぞりましょう。

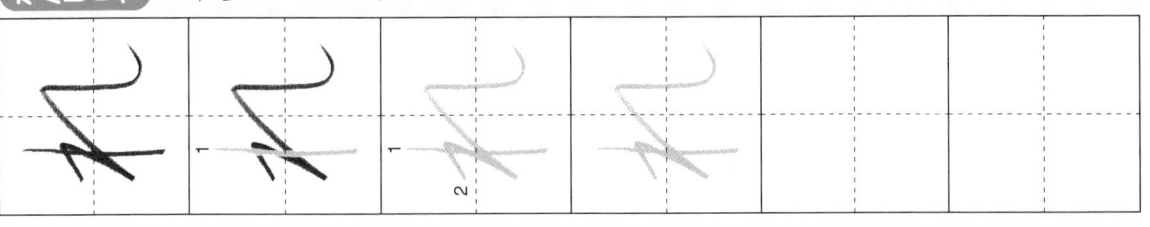

「れ」は、「へ」を 2ばんめに かくよ。「ふ」の かきじゅんも しっかり おぼえようね。

ひらがな
ひらがなの れんしゅう⑭
月　日
なまえ
こたえ
時　分 から
時　分 まで
100てん

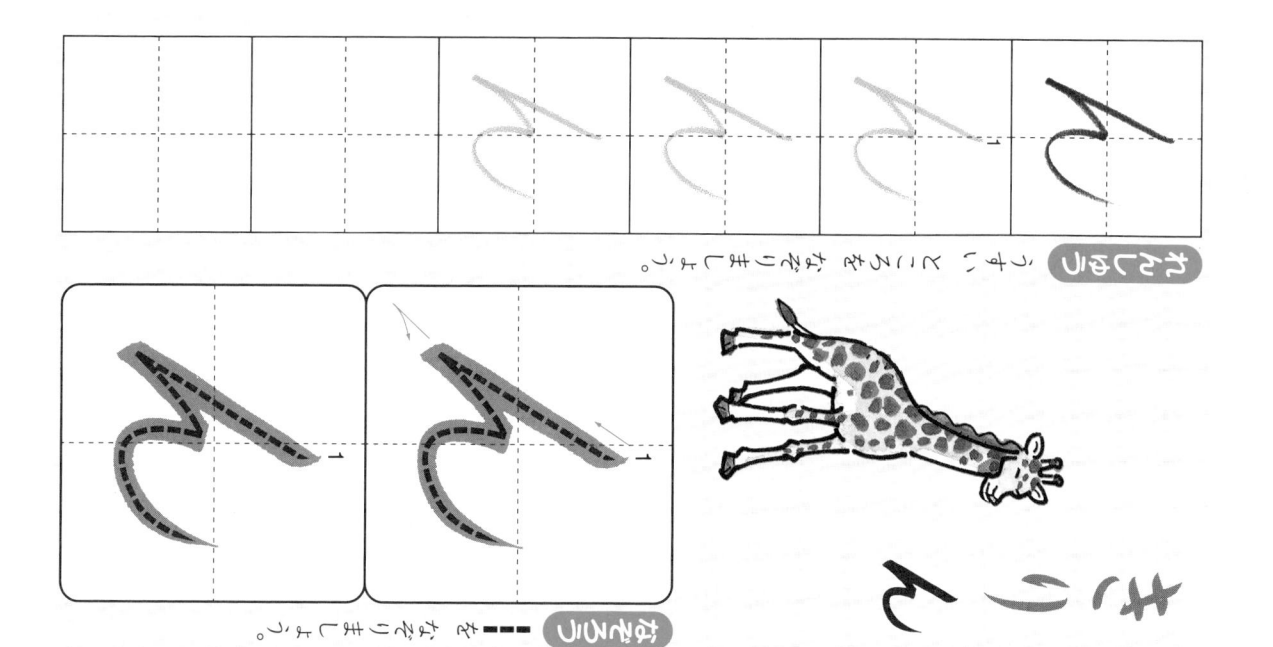

2 「ん」を かいて きりんに かきましょう。　（ぜんぶ かいて 25てん）

なぞり ■■■ を なぞりましょう。

れんしゅう みほんを みながら なぞりましょう。

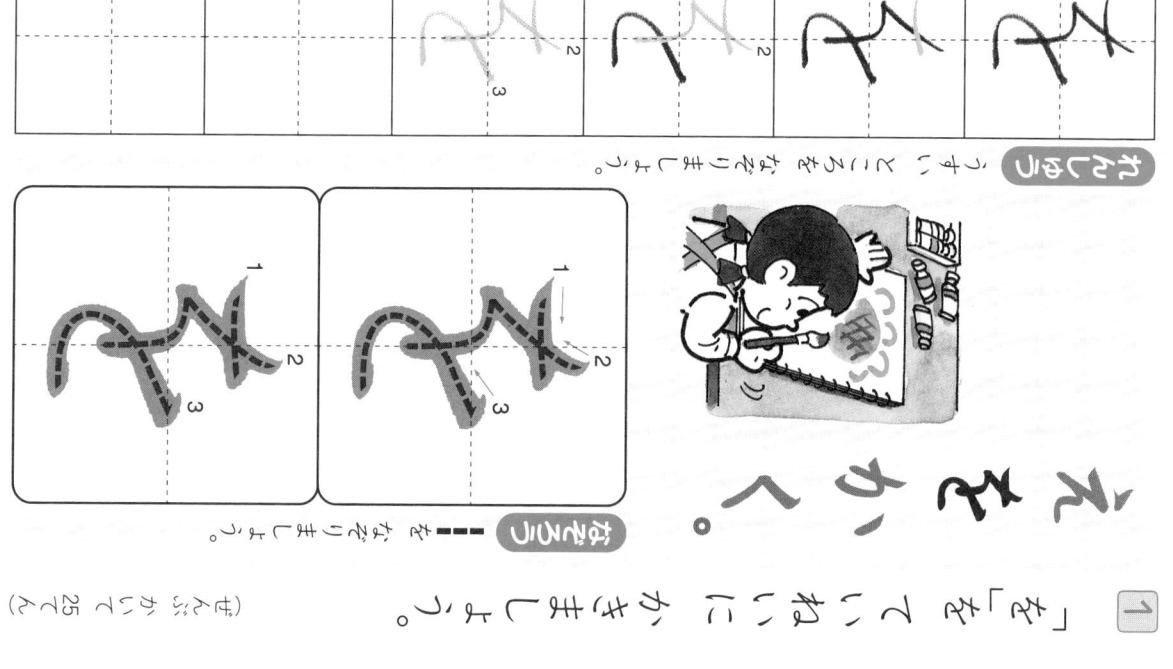

1 「わ」を かいて わにに かきましょう。　（ぜんぶ かいて 25てん）

なぞり ■■■ を なぞりましょう。

れんしゅう みほんを みながら なぞりましょう。

3 えに あうように、□に ひらがなを かきましょう。
（ひとつ 10てん）

① ゆ

ゆ
き

② や

や
ま

③ れ

れ
つ

④ ふ

さ
い
ふ

⑤ ん

と
ん
ぼ

「を」は、「てを あらう。」「うたを うたう。」のように、ぶんの とちゅうに つかうよ。

19

ひらがな
「け」「の」「ひ」
ちいさく かくじ

月　日

なまえ

時　分
時　分

100てん

© くもん出版

2 えに あうじに、「□」に てんてんを かきながら かきましょう。

① かぎ

② ぞう
(ぞうさん)

1 「け」「の」「ひ」の てんてんを かきながら かきましょう。

① かきながら かいて みよう。

② ひらがなを かきながら かいて みよう。
(いちばん おおきな じは 10てん)

③ かきながら かいて みよう。

④ かきながら かいて みよう。

3　ちいさく　かく　ひらがなを　かきましょう。

（いちもん　ぜんぶ　かいて　10てん）

①

が	っ	き

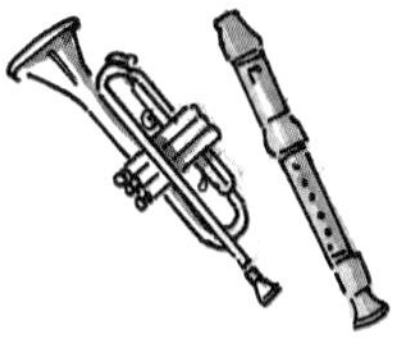

れんしゅう　うすい　せんは　なぞりましょう。

つ　つ

②

き	し	ゃ

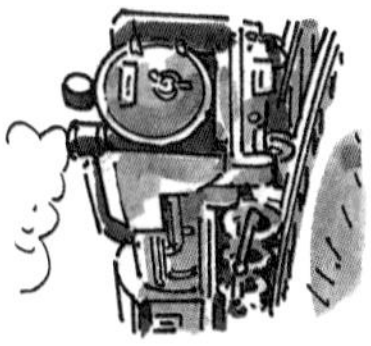

れんしゅう　うすい　せんは　なぞりましょう。

や　や

③

あ	く	し	ゅ

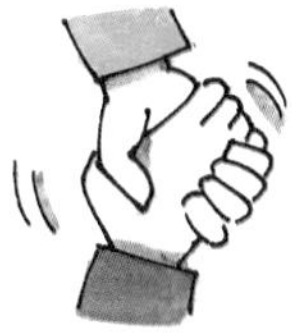

れんしゅう　うすい　せんは　なぞりましょう。

ゆ　ゆ

④

ち	ょ	う

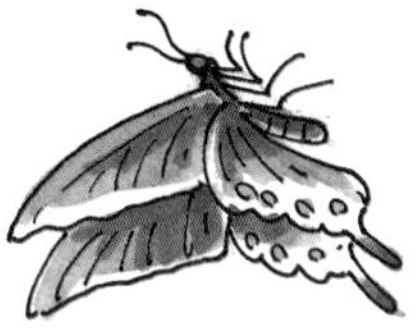

れんしゅう　うすい　せんは　なぞりましょう。

よ　よ

4　えに　あうように、□に　ひらがなを　かきましょう。

（ぜんぶ　かいて　10てん）

ち	ゅ	う	し	ゃ

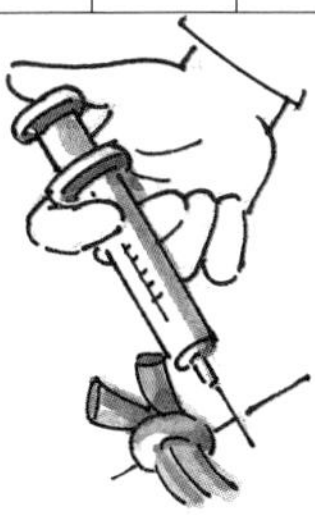

ち　う　し

ちいさく　かく　じは、□の　みぎうえ（□）に　かくよ。

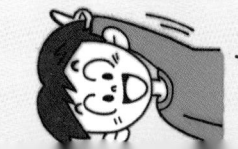

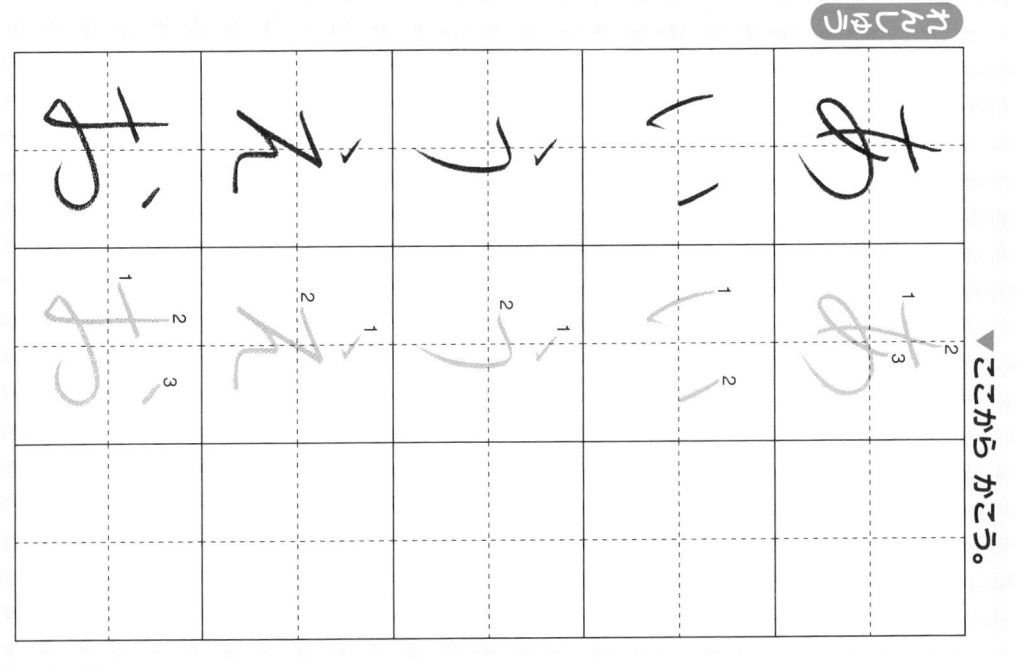

20

ひらがな ⑮
ひらがなの かきじゅん

月　　日	なまえ
時　分	
時　分	
	てん
	100てん

1　「あ・い・う・え・お」を 「あ・い・う・え・お」に きを つけて かきましょう。
(1もん 25てん)

▼ここから かこう。

れんしゅう

2　えに あうように、□に ひらがなを かきましょう。
(1もん 10てん)

① え　ほ　ん

② か　な　お

③ 「か・き・く・け・こ」を なぞって「 」に かきましょう。

（ぜんぶ かいて 25てん）

▶ここから かこう。

なぞろう

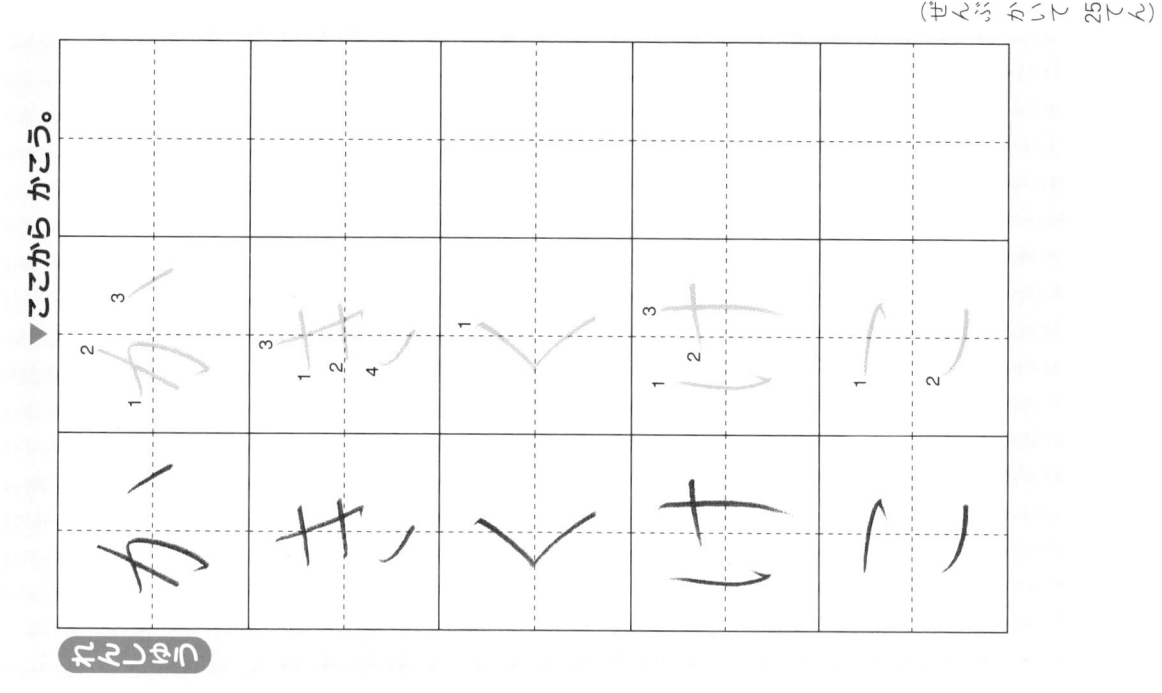

④ えに あうように、□に ひらがなを かきましょう。

（ひとつ 10てん）

① ▶ (さ／か)

② ▶ (き／ゆ)

③ ▶ (り／む／け)

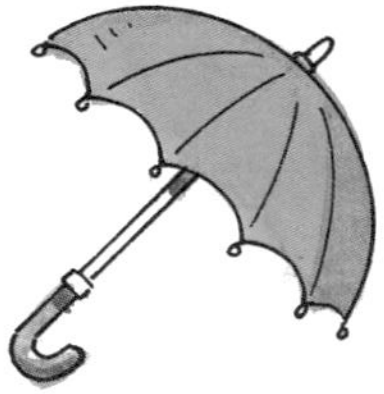

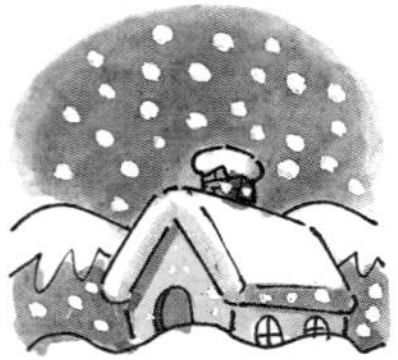

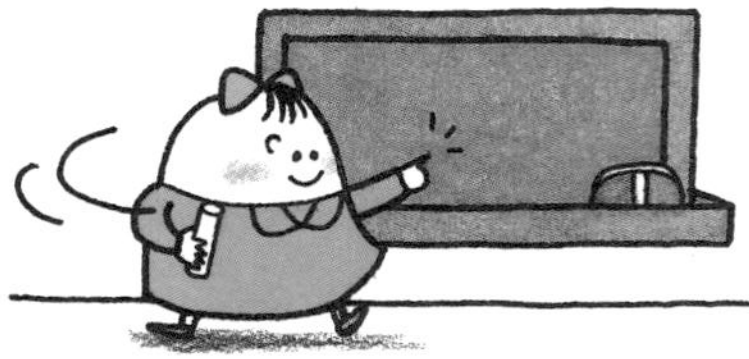

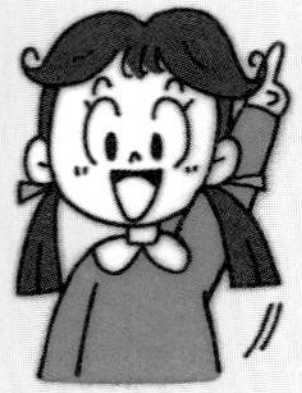

①・③を かく ときに、「あいうえお」「かきくけこ」と こえに だして よみましょう。②・④を かく ときは、えの ことばを こえに だして よみましょう。

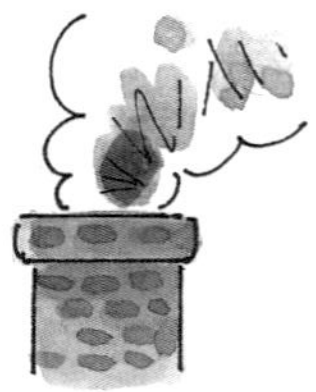

©くもん出版

21

ひらがな
ひらがなの れんしゅう⑯

月　日　なまえ

時　分〜
時　分

／100てん

1 「す・し・せ・そ・な」を こえに だして よみながら、□に ていねいに かきましょう。(25てん)

▼ここから かこう。

れんしゅう

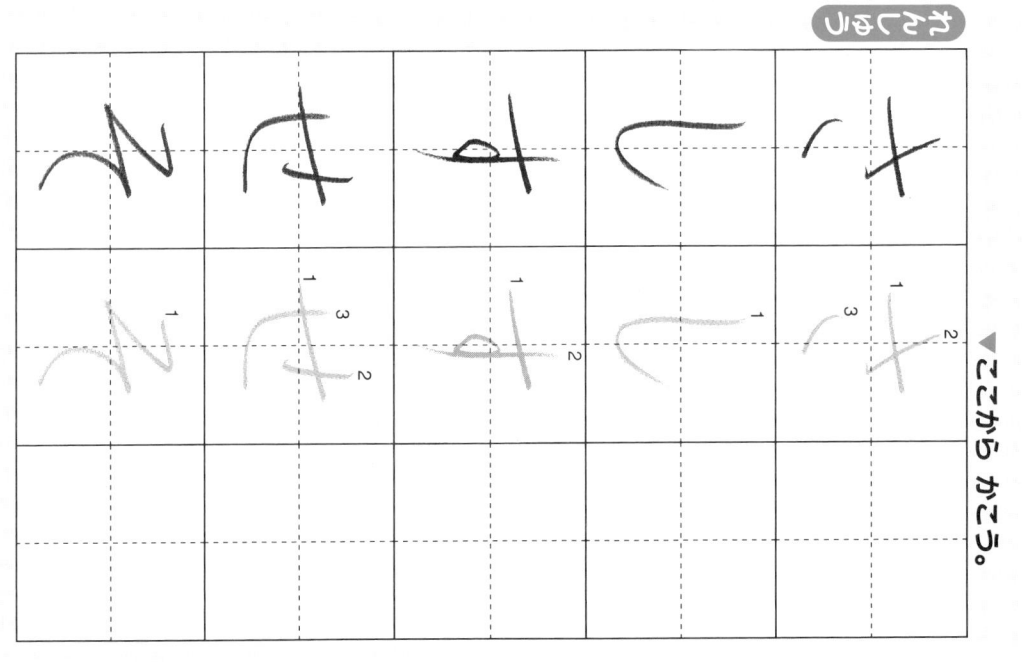

2 えを みて、□に、ひらがなを ひとつずつ かいて ことばを かんせいさせましょう。(10てん)

①

②

3 「た・ち・つ・て・と」を ていねいに かきましょう。
（ぜんぶ かいて 25てん）

れんしゅう

▼ここから かこう。

た	た	
ち	ち	
つ	つ	
て	て	
と	と	

4 えに あうように、□に ひらがなを かきましょう。
（ひとつ 10てん）

① た

た こ

② ち

ち く わ

③ と

い と

うまく かけなかった ひらがなは、ほかの かみを つかって なんかいも れんしゅうして みよう。

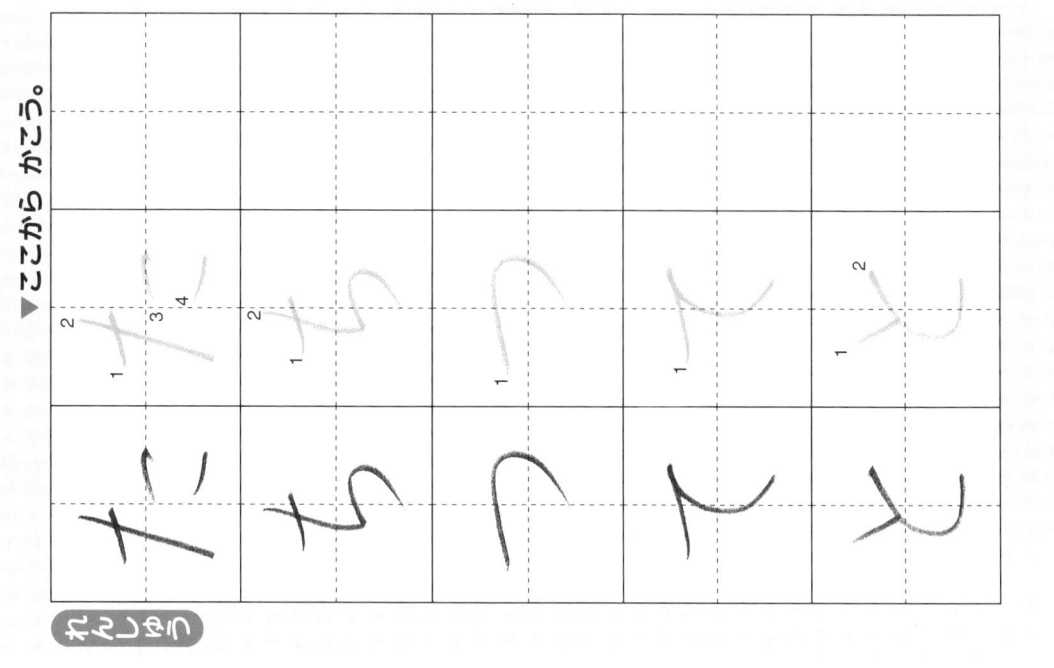

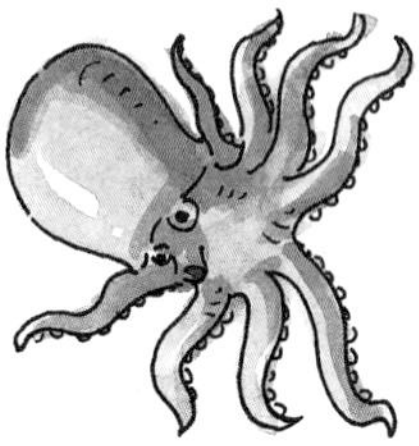

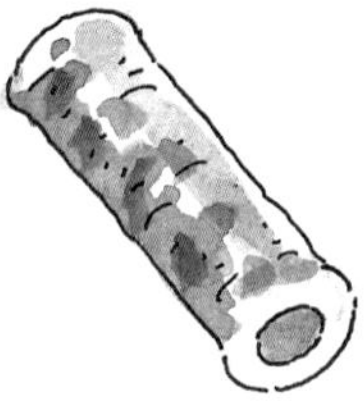

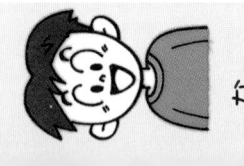

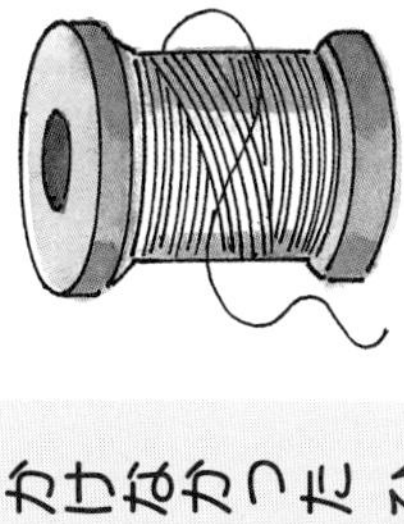

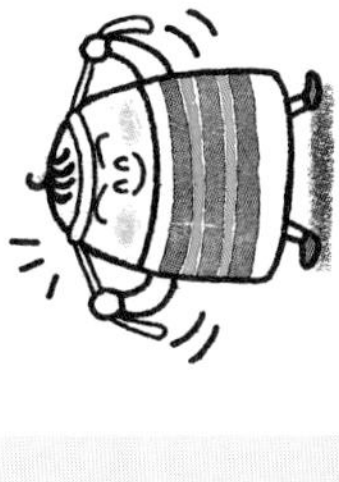

ひらがな ひらがなの れんしゅう⑰

なまえ

月 日

とくてん

時 分 ～ 時 分

/100てん

1 「な・に・ぬ・ね・の」を 1つ ずつ ていねいに かきましょう。
（ぜんぶ かいて 25てん）

▶ここから かこう。

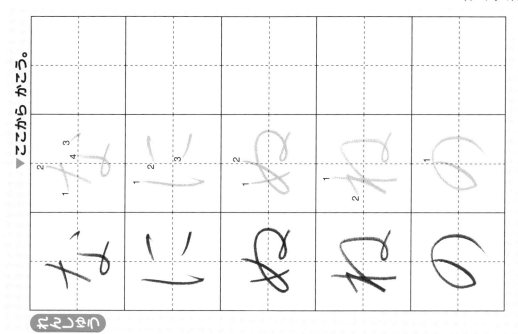

れんしゅう

2 えに あうように、□に ひらがなを かきましょう。
（ひとつ 10てん）

① → は な び

② → ね ず み

③ 「は・ひ・ふ・へ・ほ」を　なぞって　かきましょう。
（ぜんぶ かいて 25てん）

▶ここから かこう。

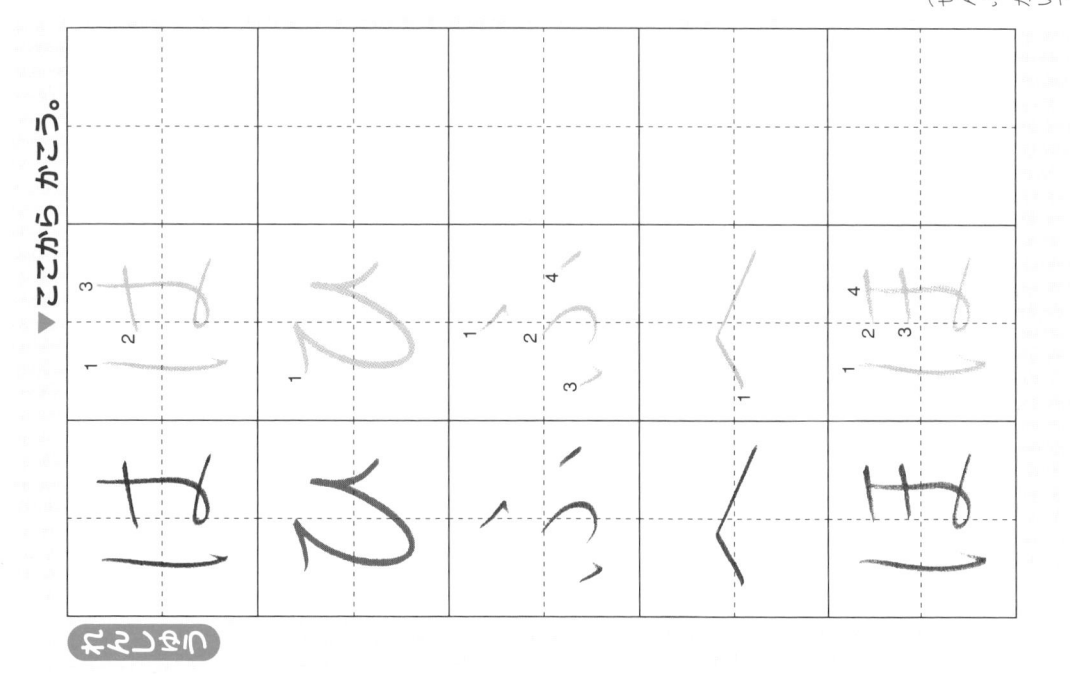

かきじゅん

④ えに　あうように、□に　ひらがなを　かきましょう。
（１つ 10てん）

① → ふ　「し

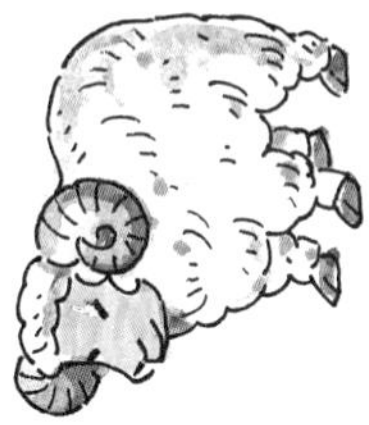

② → び　「ん

③ → ほ　「ん

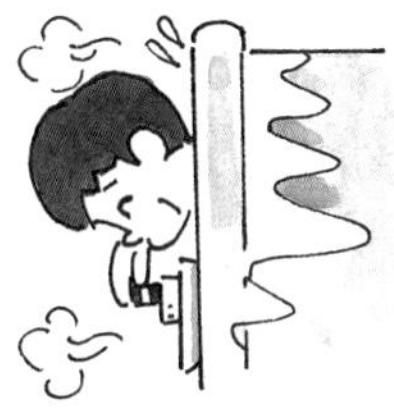

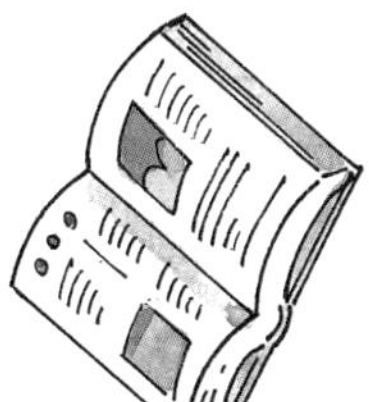

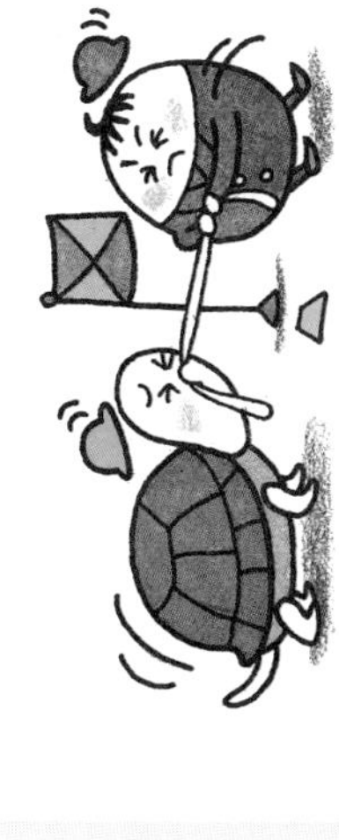

「な」「ぬ」「ね」や、「は」「ほ」の　むすびの　かたちに　きを　つけて
かこう。

©くもん出版

1 「ま・み・む・め・も」を じ に ねいに なぞって かきましょう。
(ぜんぶ かけて 25てん)

▼ここから かこう。

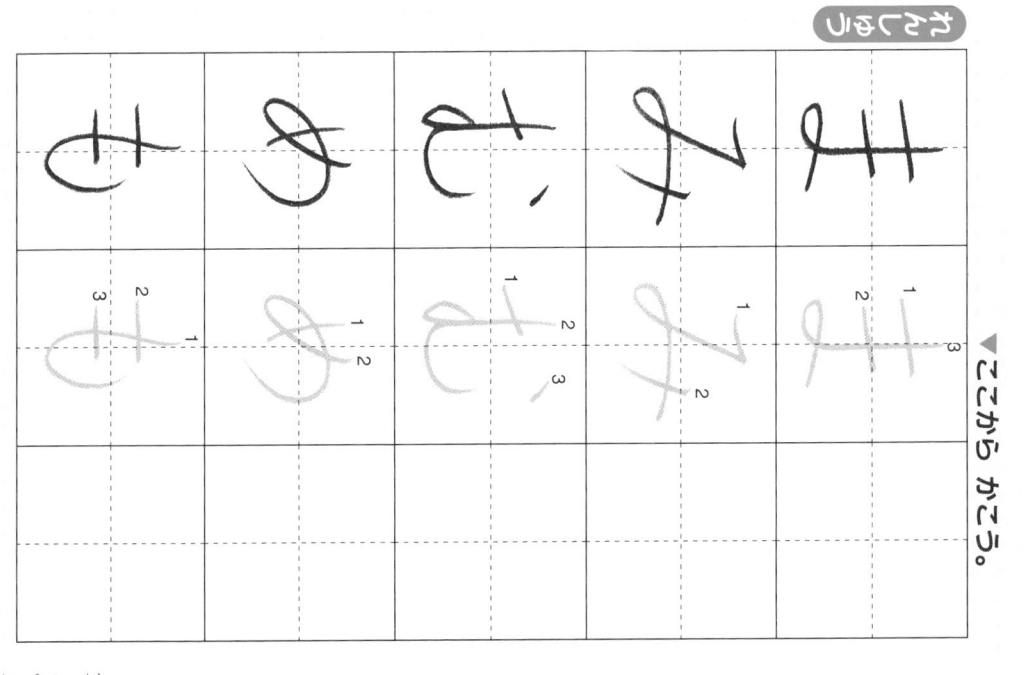

2 えに あった じを に、ていねいに なぞって かきましょう。
(1つ 10てん)

①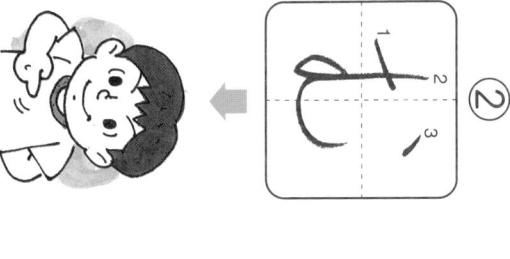

②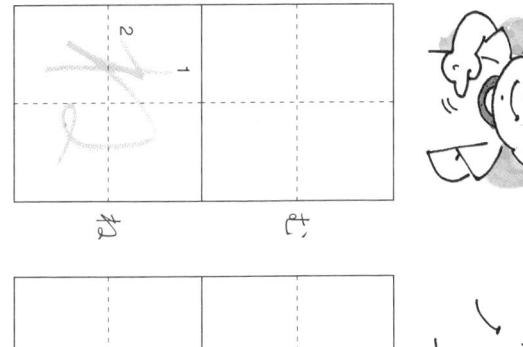

3 「ち・こ・ゆ・え・よ」を なぞって ていねいに かきましょう。
（ぜんぶ かいて 25てん）

▼ここから かこう。

なぞり

4 えに あうように、□に ひらがなを かきましょう。
（ひとつ 10てん）

①

		けん
		か
		や

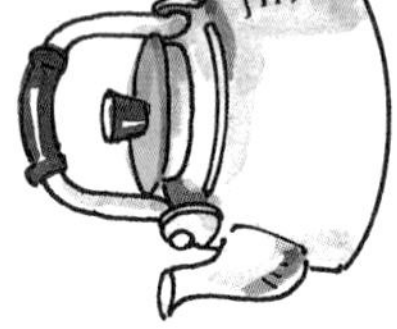

②

		たこ
		か
		ゆ

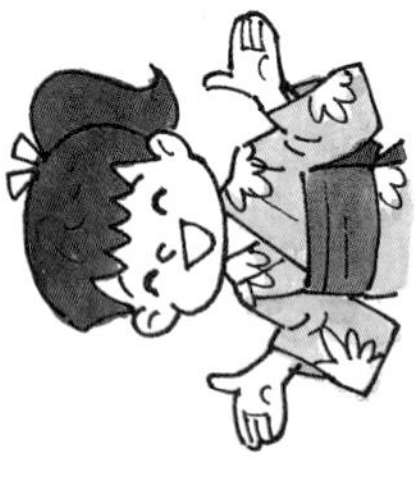

③

| | よ |
| | る |

「や（ゆ）や」や「ち（ち）」の かきじゅんを ていねいに おぼえたかな。

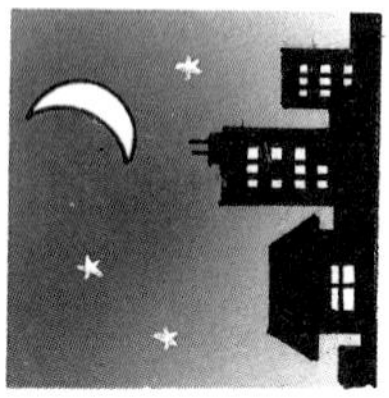

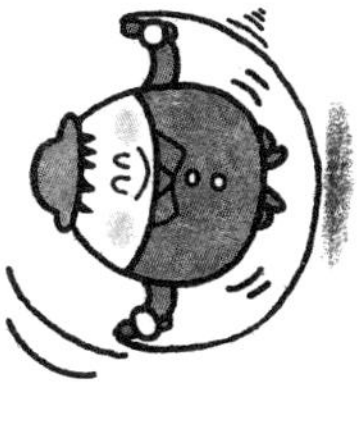

— 46 —

©くもん出版

24

ひらがな
ひらがなの ⑲
れんしゅう

月　日　なまえ

時　分
から
時　分
まで

□
100てん

○くもん出版

1 「ら・い・る・れ・ろ」を なぞって から 「ら・れ・る・い・ろ」と なぞって かきましょう。
（ぜんぶ かけて 25てん）

▼ここから かこう。

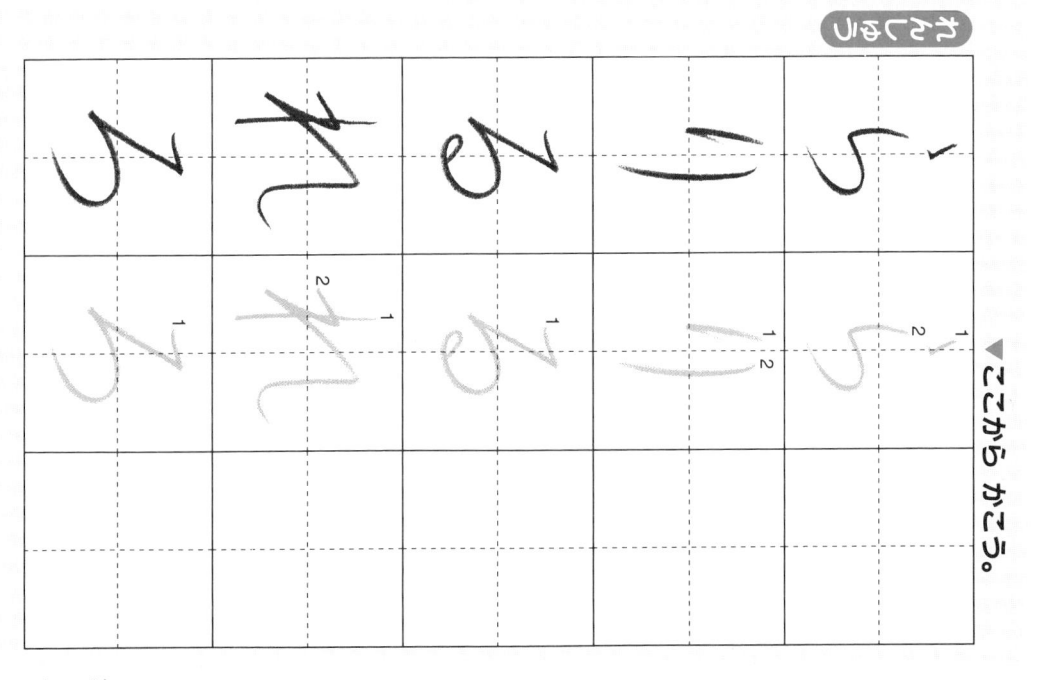

れんしゅう

2 えに あった、□に、こえに ひらがなを かきましょう。
（1もん 10てん）

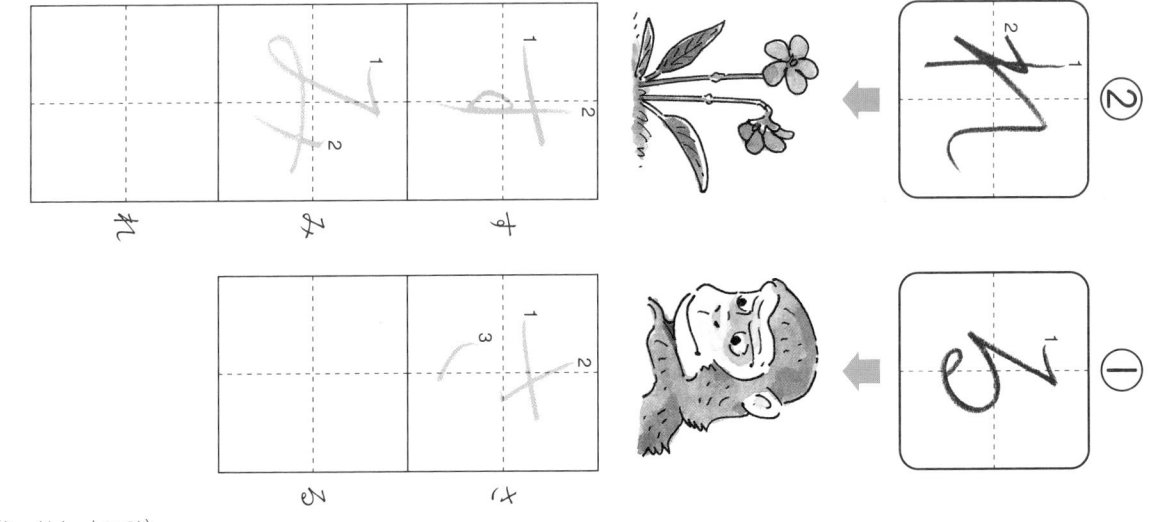

— 47 —

③ 「わ・い・へ・え・た」を ていねいに かきましょう。

（ぜんぶ かけて 25てん）

▶ここから かこう。

れんしゅう

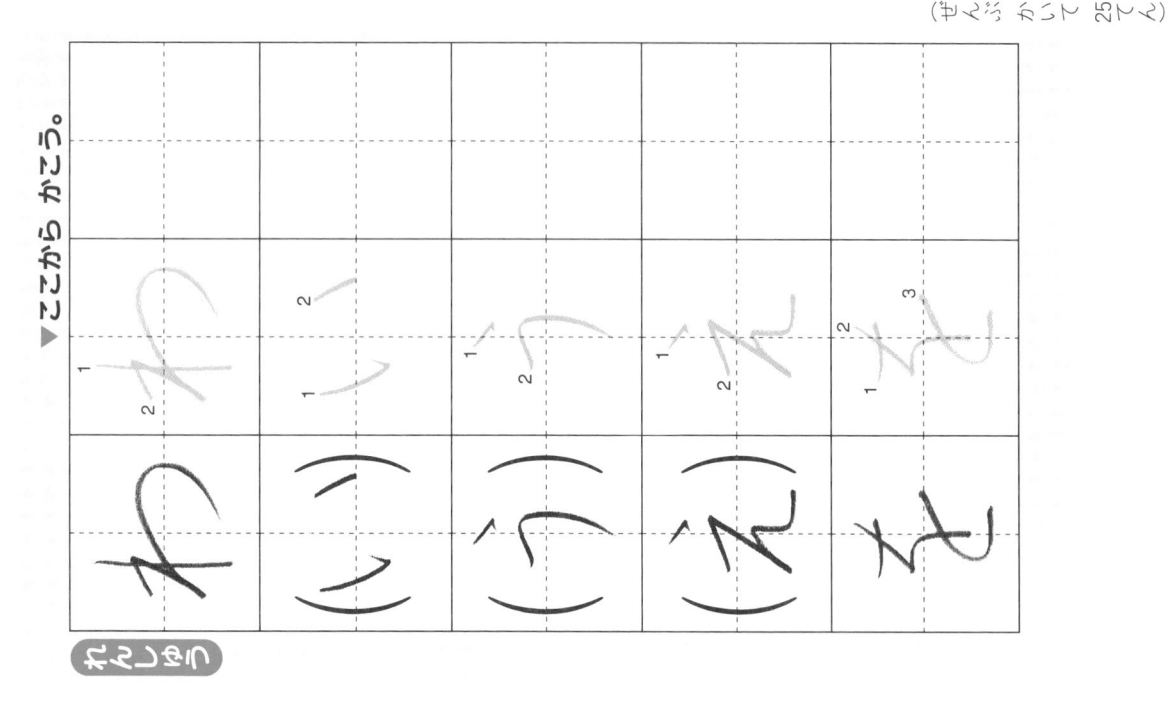

④ えに あうように、□に ひらがなを かきましょう。

（ひとつ 10てん）

① →

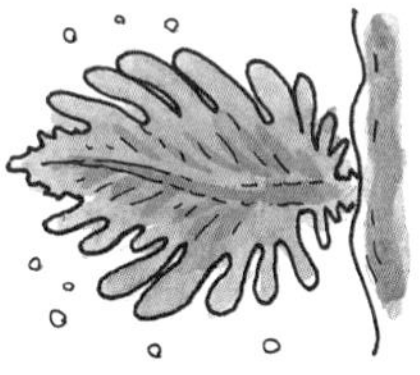

② →

③ →

— 48 —

「た」は、かたちが むずかしいね。書きじゅんの かずを しっかり、かくにん しようね。

©くもん出版

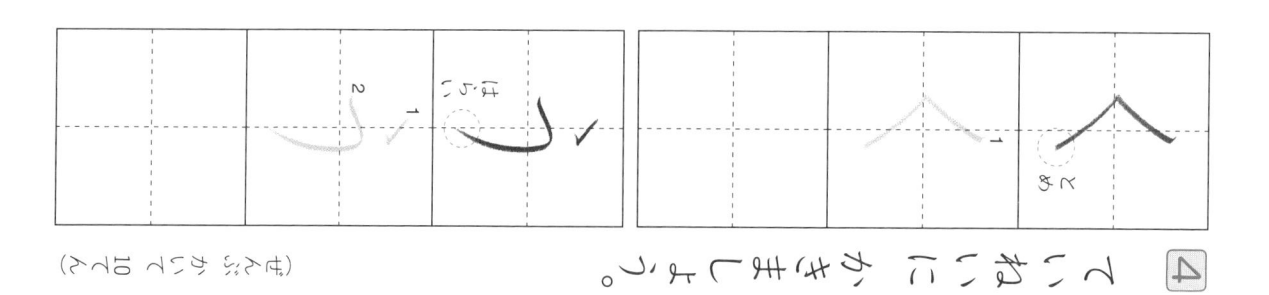

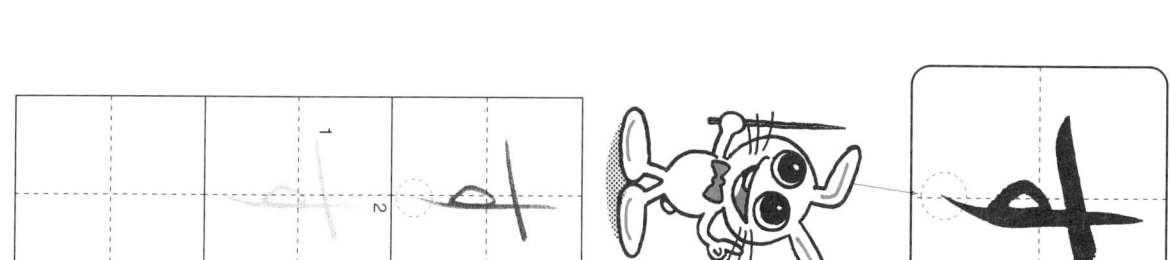

④ 「ね」に きを つけて かきましょう。

（ぜんぶ かいて 10てん）

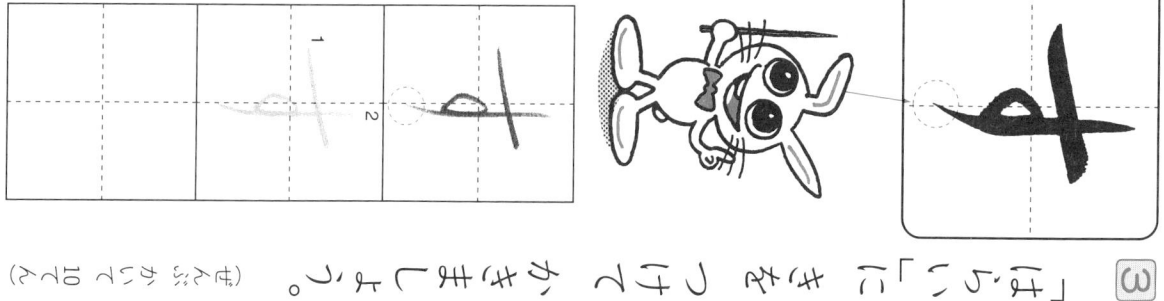

③ 「はらい」に きを つけて かきましょう。

（ぜんぶ かいて 10てん）

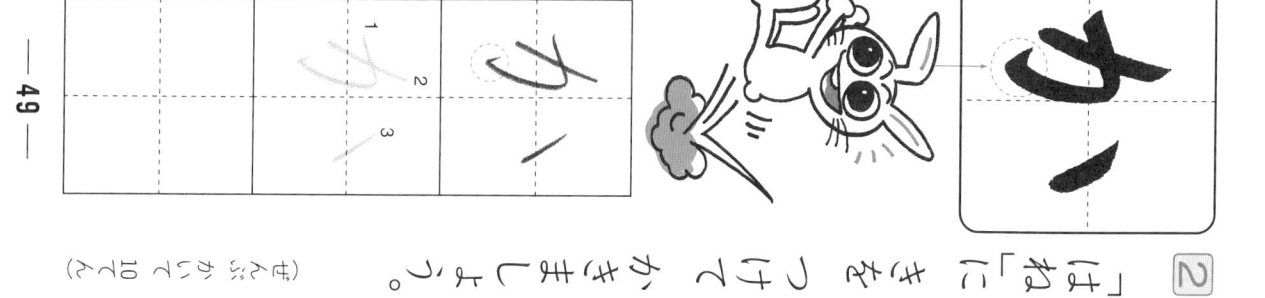

② 「ね」に きを つけて かきましょう。

（ぜんぶ かいて 10てん）

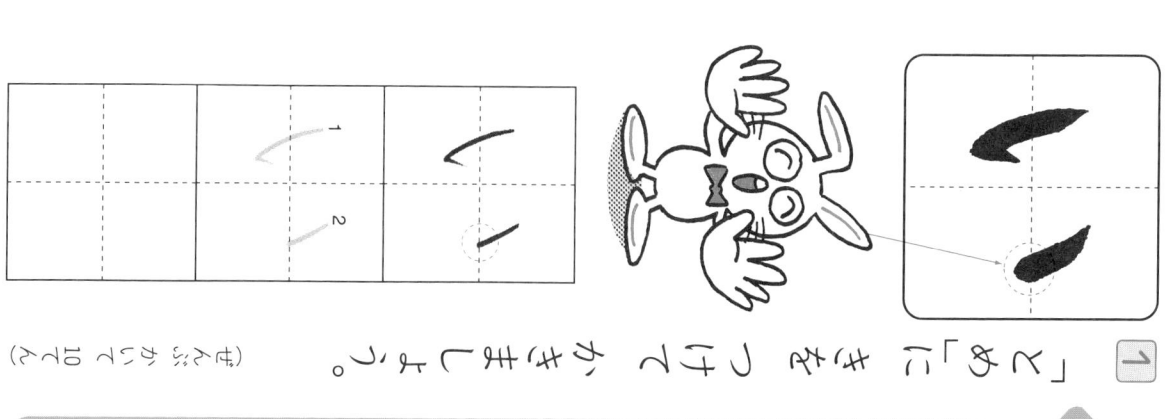

① 「めん」に きを つけて かきましょう。

（ぜんぶ かいて 10てん）

かきかた

25

「つ」「ね」「め」
ひらがなの かき①

月　日
なまえ

時　ふん
〜
時　ふん

100てん

てん

©くもん出版

5 「ス」「せ」「そ」に きを つけて かきましょう。
（ひらがなを 4かい かいて 10てん）

6 えに あうように、□に ひらがなを かきましょう。
（1もん 10てん）

① す
② せ
③ そ

「せ」は、かくかずを まちがえないように かきましょう。

― 50 ―

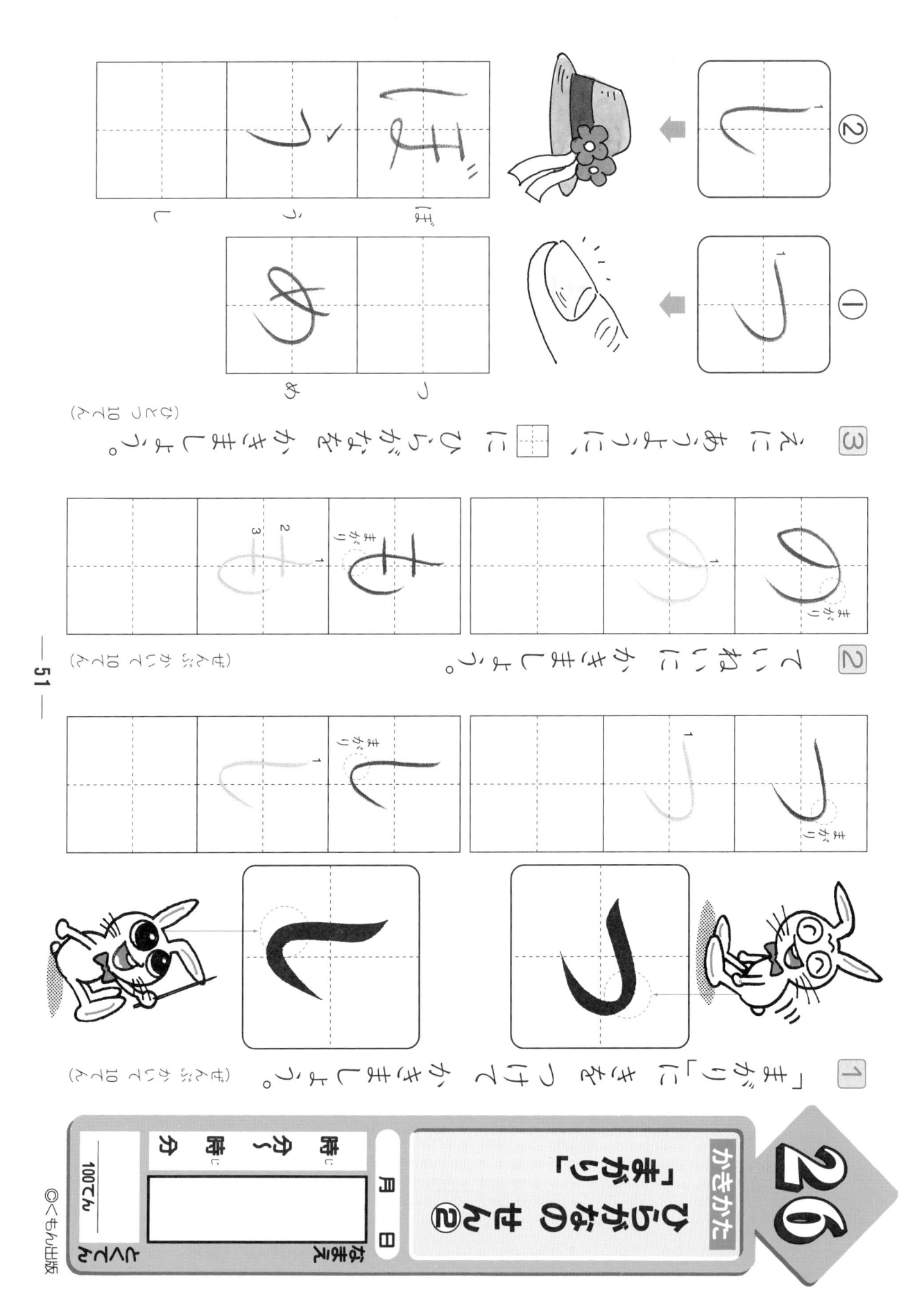

1 「まじ」「じ」を □に かなを かいて みましょう。
（ぜんぶ かいて 10てん）

2 てんいねいに かきましょう。
（ぜんぶ かいて 10てん）

3 えに あう じに てんてん、まる（□）を かきくわえて じを かんせいさせましょう。
（ぜんぶ 10てん）

① じ

② ほんぼ

© くもん出版

4 「まがり」に きを つけて かきましょう。

（ひらがなを 4かい かいて 10てん）

せ（まがり）
ぬ（まがり）
そ（まがり）

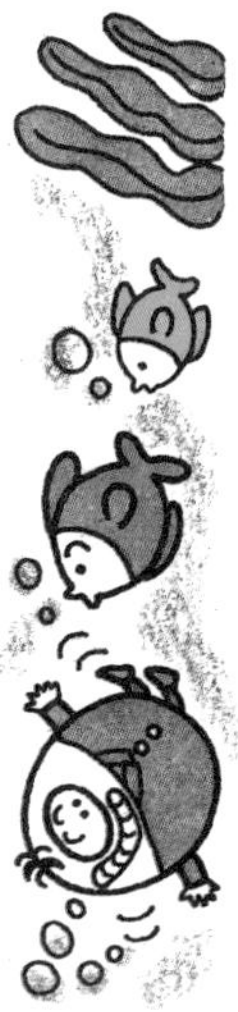

5 えに あうように、□に ひらがなを かきましょう。

（ひとつ 10てん）

① も
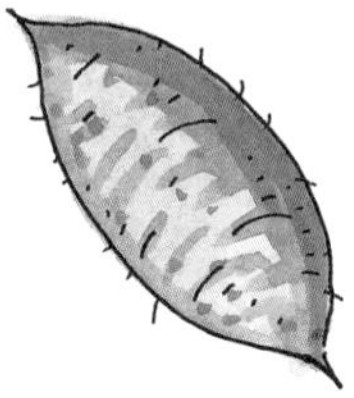
い□（いも）

② せ
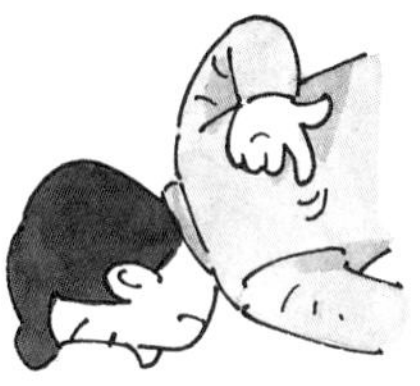
□なか（せなか）

③ ぬ
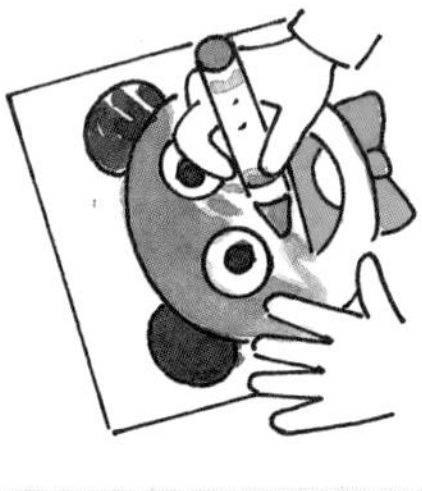
□りえ（ぬりえ）

「まがり」は、かくばらないように、ていねいに まげて かこう。
いちばん うえの てほんを よく みてね。

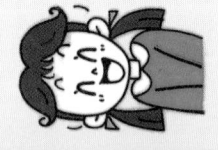

27

かきかた

ひらがなの③
「れ」「わ」「ほ」「ん」

月　日　なまえ

時分

時分

100てん　てん

1　「お」「れ」「わ」「ん」を □に きを つけて かきましょう。

（ぜんぶ かいて 10てん）

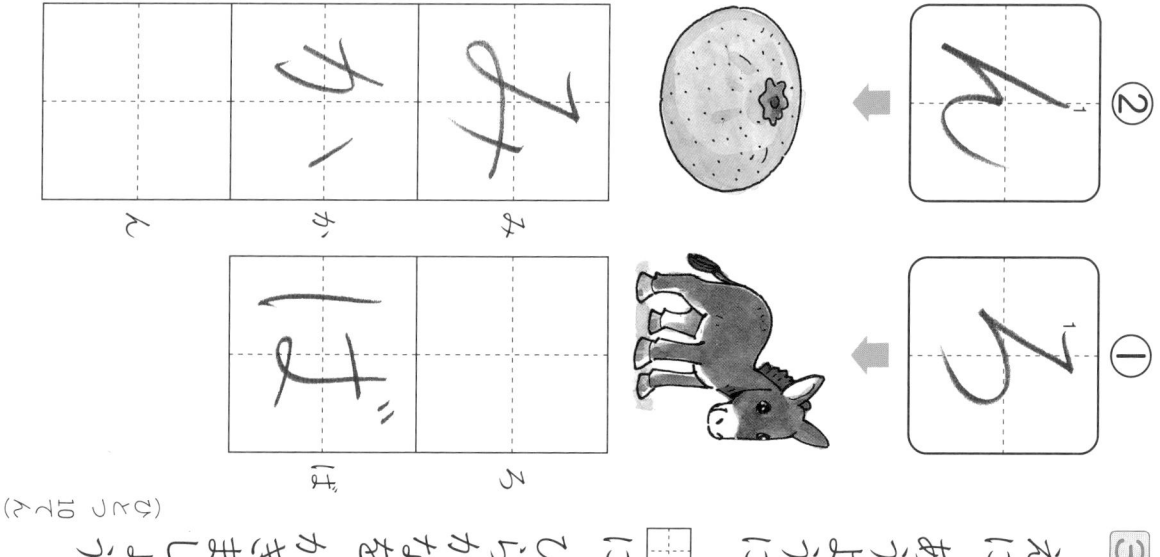

2　てほんを みて □に かきましょう。

（ぜんぶ かいて 10てん）

3　えに あう ことばに なるように、□に ひらがなを かきましょう。

（1もん 10てん）

①

②

— 53 —

4 「おれ」「おりかえし」に きを つけて かきましょう。
(ひらがな 1もじ かいて 10てん)

おれ			
おりかえし			

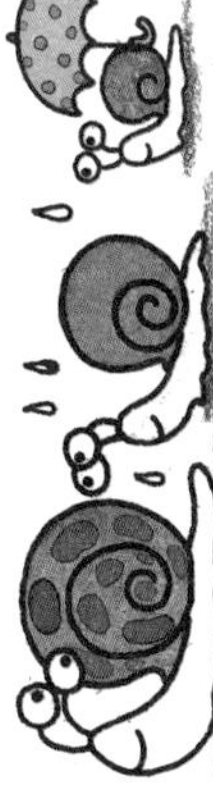

5 えに あうように、□に ひらがなを かきましょう。
(ひとつ 10てん)

① つくえ

② かんな

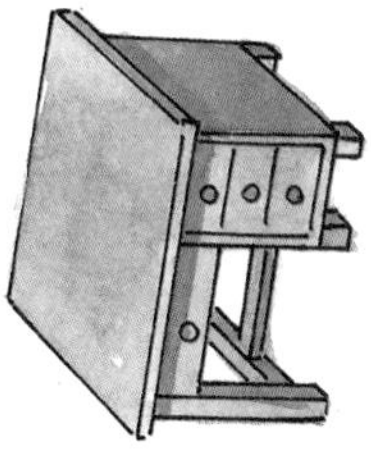

③ ひつじ

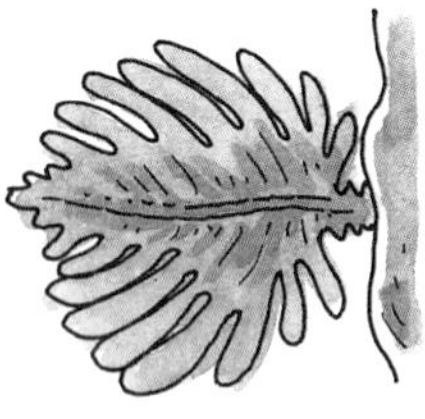

「おれ」「おりかえし」は、かくところ で ていねいに かいて みましょう。

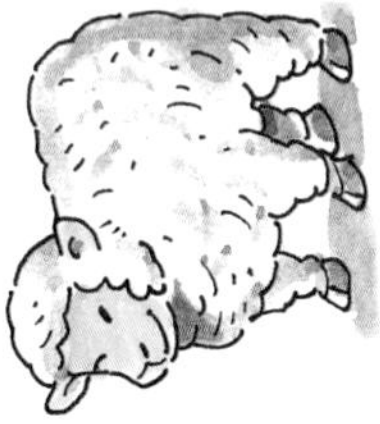

© くもん出版

28

かきかた

「にごむ」
ひらがなの かん ④

月　　日

なまえ

じ　ぷん
から
じ　ぷん
まで

てん
100てん

1 「にごむ」に きを つけて なぞりましょう。
（ぜんぶ かいて 10てん）

2 てんてんに きを つけて なぞりましょう。
（ぜんぶ かいて 10てん）

3 えに あう ことばに、てんてんを □に かきましょう。
（1つ 10てん）

② よ　み

① な　つ

©くもん出版

4 「むすび」に きを つけて かきましょう。
（ひらがなを 4かい かいて 10てん）

む　す　お

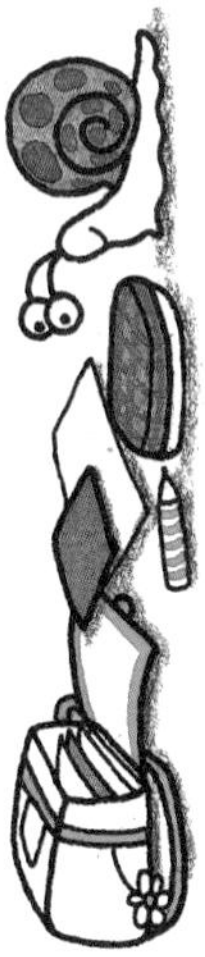

5 えに あうように、□に ひらがなを かきましょう。
（ひとつ 10てん）

① ま

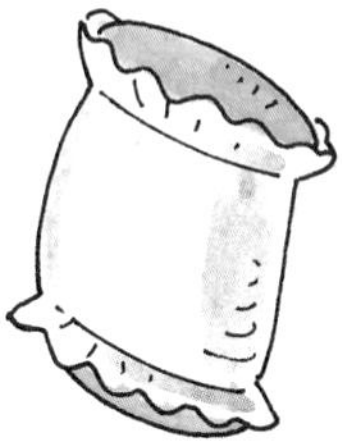

□ く ら

② な

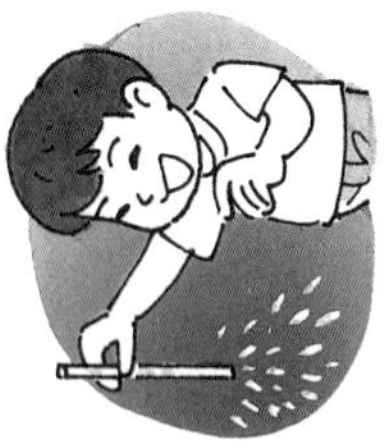

は □ び

③ む

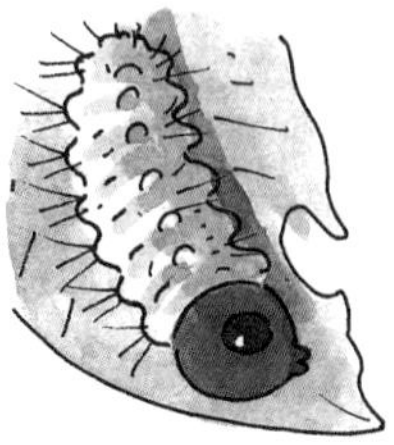

け □ し

「むすび」は、たての せんを かいてから ゆっくり ひだりの ほうへ まげるように して かこう。

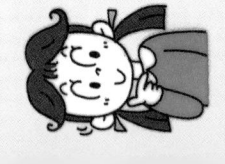

時　分
～
時　分

かかった じかん

/100てん

— 57 —

---

1 {の ひらがなを、よい かたちの ほうに ○を つけて かきましょう。
（ひとつ 5てん）

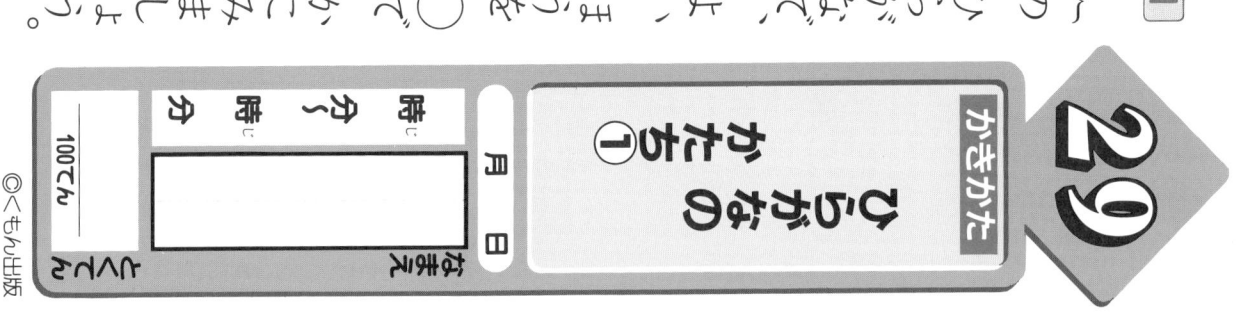

▼「し」を なぞりましょう。

▼「し」を かきましょう。

---

2 かたちに きを つけて かきましょう。
（ぜんぶ できて 15てん）

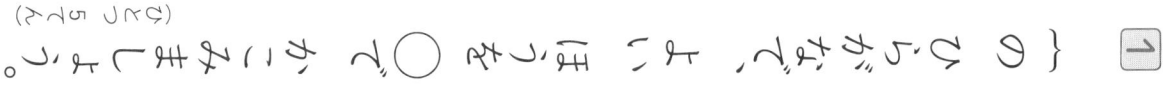

---

3 {の ひらがなを、よい かたちの ほうに ○を つけて かきましょう。
（ひとつ 5てん）

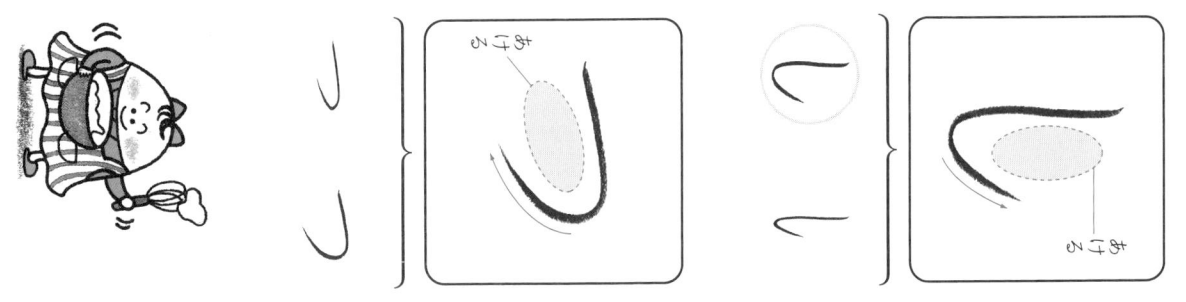

おける

おける

---

4 かたちに きを つけて かきましょう。
（ぜんぶ できて 15てん）

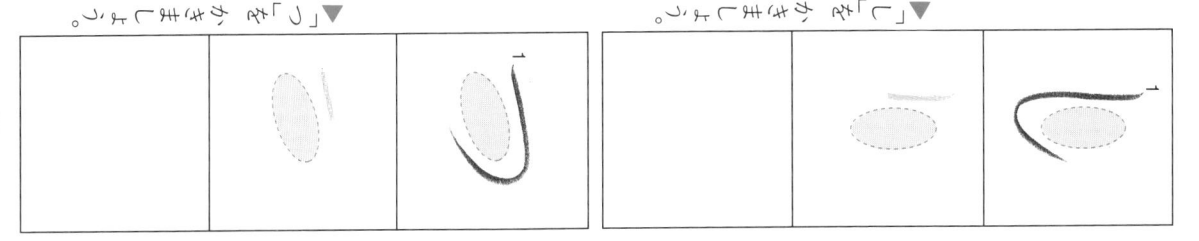
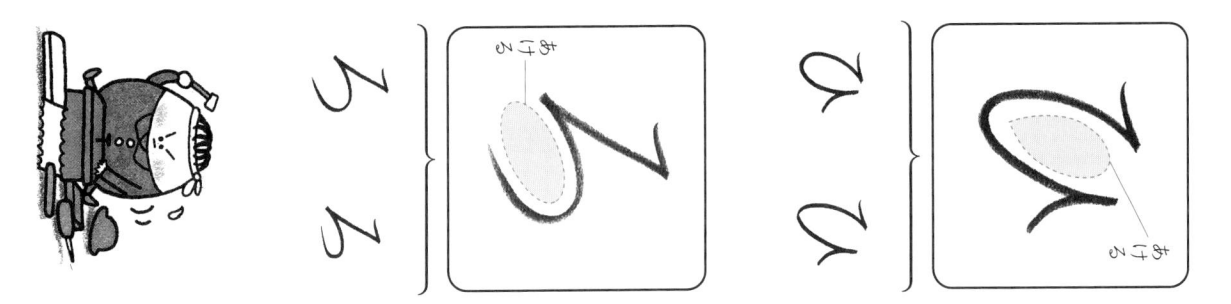
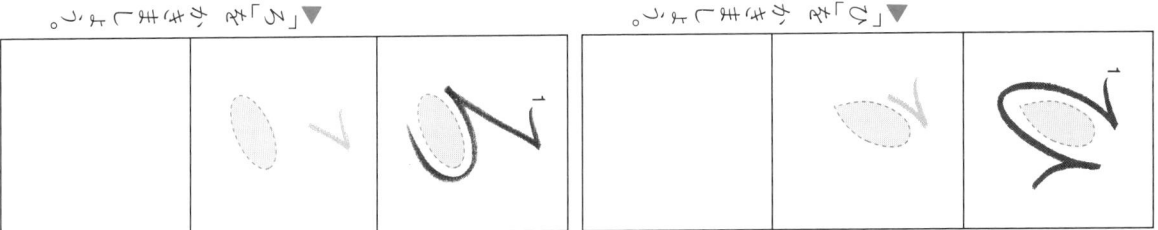

▼「て」を なぞりましょう。

▼「て」を かきましょう。

⑤ 〔 〕の ひらがなを、よい ほうを ○で かこみましょう。

（ひとつ 5てん）

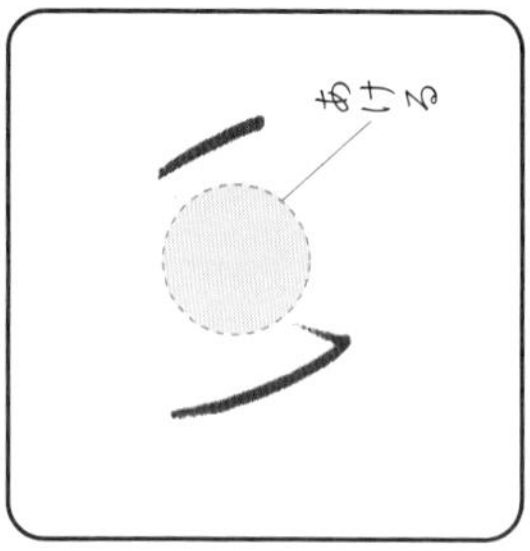

⑥ かたちに きを つけて かきましょう。

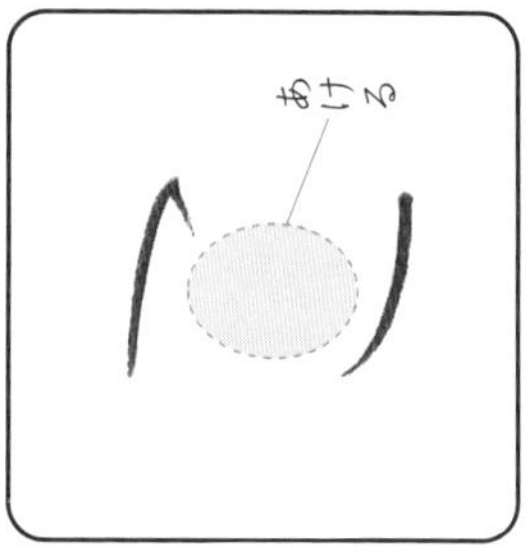

（ぜんぶ かいて 15てん）

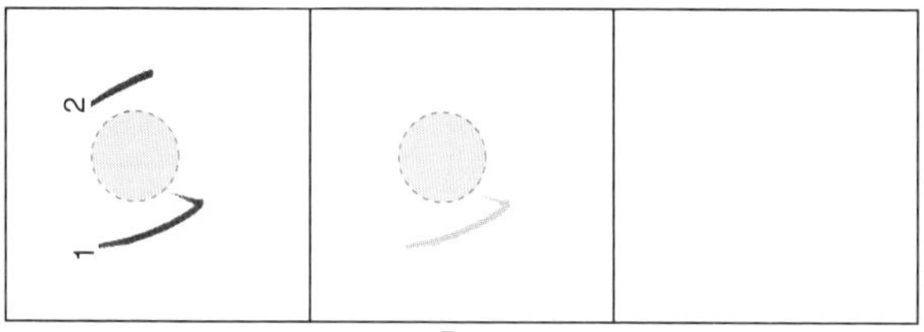

▲「こ」を かきましょう。

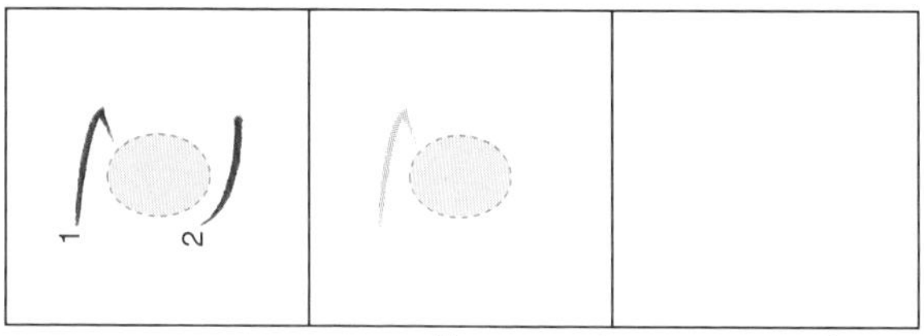

▲「い」を かきましょう。

⑦ 〔 〕の ひらがなを、よい ほうを ○で かこみましょう。

（ひとつ 5てん）

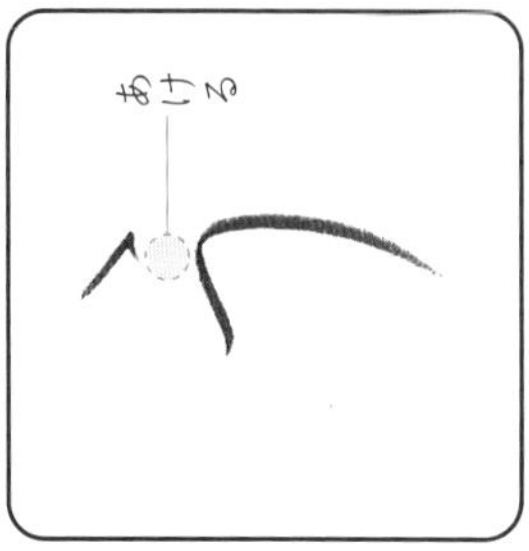

⑧ かたちに きを つけて かきましょう。

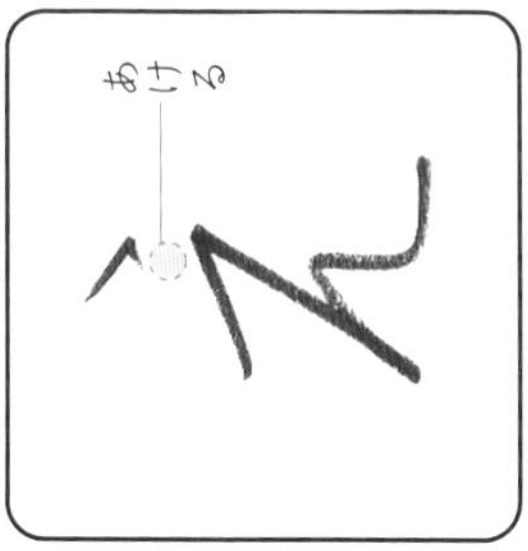

（ぜんぶ かいて 15てん）

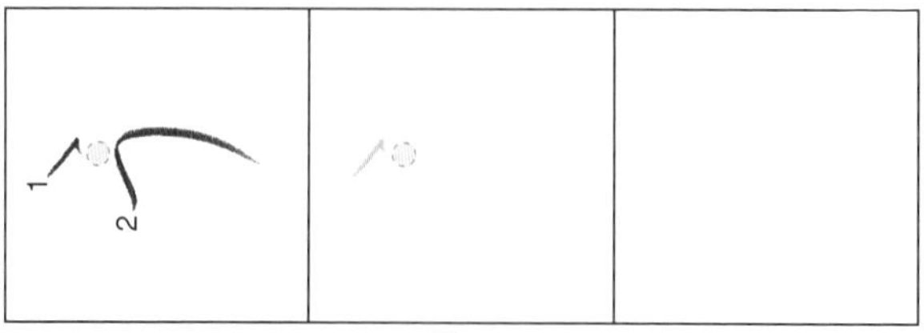

▲「う」を かきましょう。

▲「え」を かきましょう。

「1」から ⑥の じゅんに、あてを ただしく つくって あそぶ あそび かいてみよう。

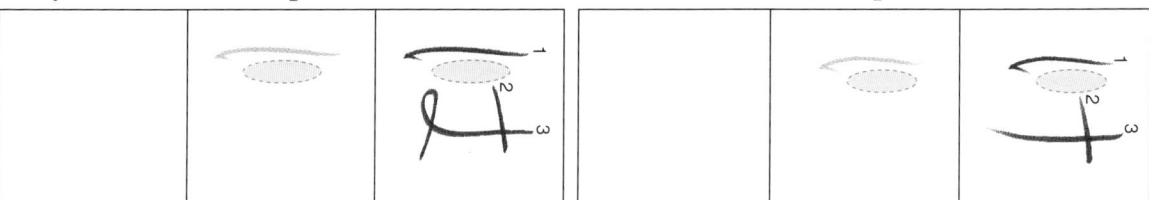

30

かきかた

ひらがなの ② かたち

月 日

なまえ

じ ふん 〜 じ ふん

とくてん

100てん

1 {　}の ひらがなを、どれで かいて ○を つけましょう。(ぜんぶ 5てん)

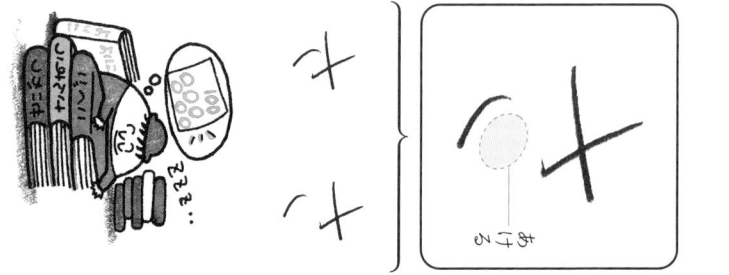

か か / さ さ

2 かたちに きを つけて かきましょう。(ぜんぶ 15てん)

▼「か」を かきましょう。

3 {　}の ひらがなを、どれで かいて ○を つけましょう。(ぜんぶ 5てん)

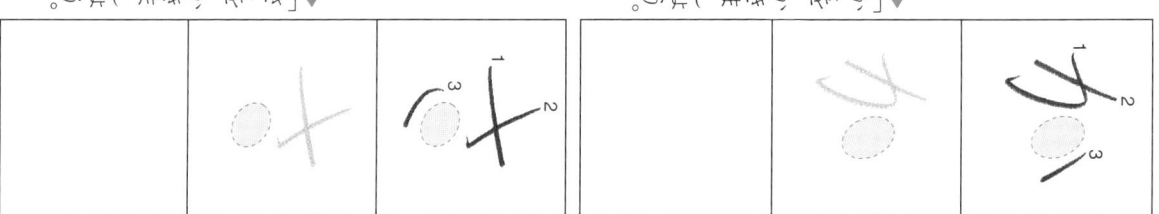

け け / は は

4 かたちに きを つけて かきましょう。(ぜんぶ 15てん)

▼「は」を かきましょう。

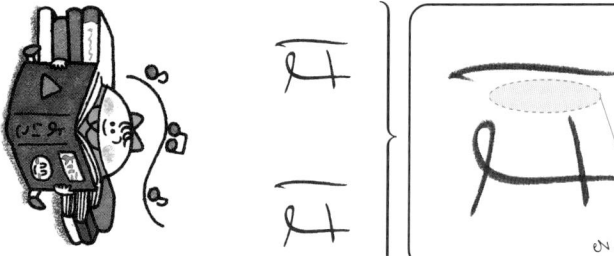
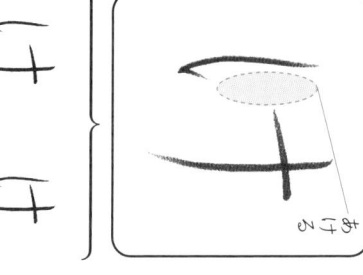

5 { }の ひらがなを ○で かこみましょう。 (ひとつ 5てん)

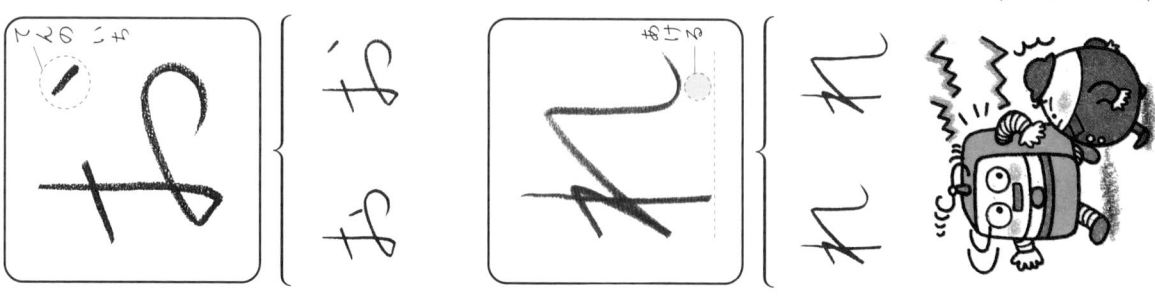

6 かたちに きを つけて かきましょう。 (ぜんぶ かいて 10てん)

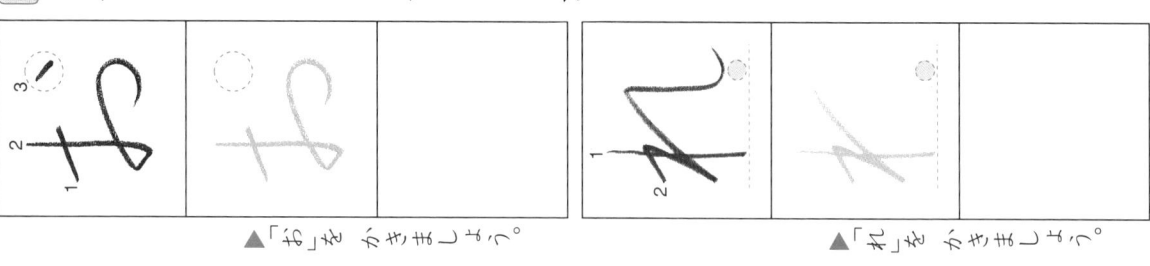

▲「お」を かきましょう。　　　　▲「れ」を かきましょう。

7 かたちに きを つけて かきましょう。 (ひらがなを 4つ かいて 10てん)

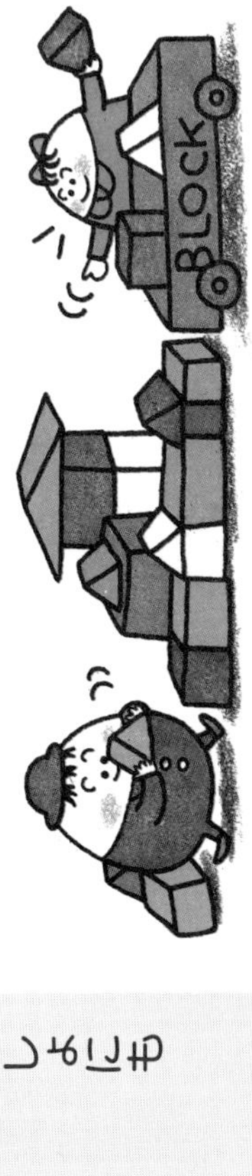

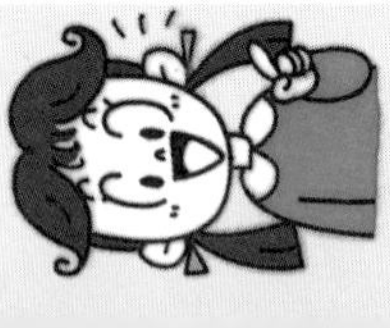

「お」の 2かくめ(「丶」)を わすれないでね。 かく ばしょも きを つけてね。

31

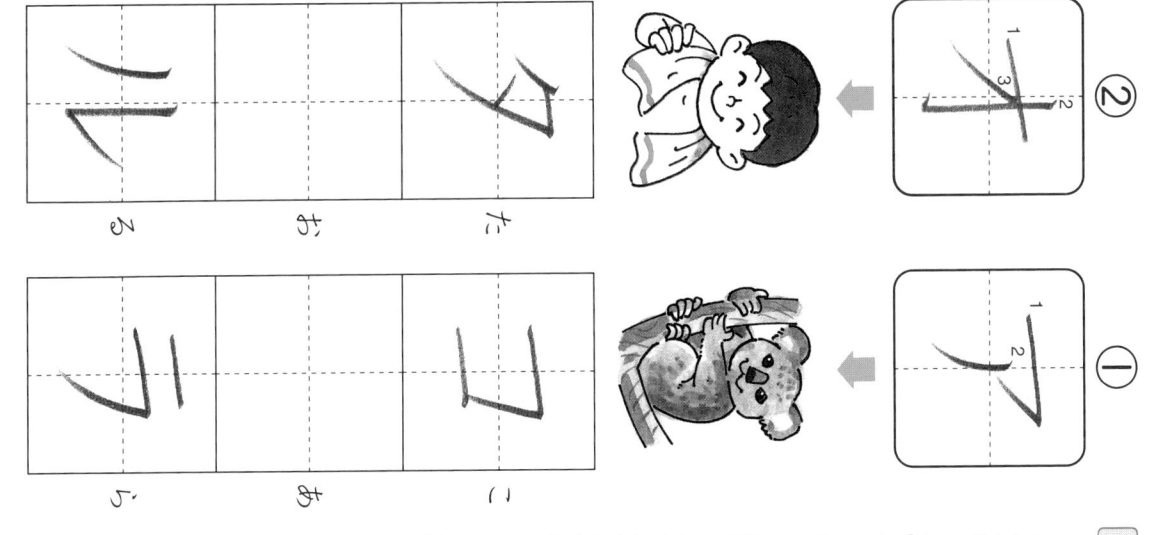

カタカナ

カタカナの
れんしゅう ①

月　日

なまえ

時分
｜
時分

100てん

せんてん

2 えに あう カタカナを かきましょう。(1こ 10てん)

① あ こ い

② た お る

1 「ア・イ・ウ・エ・オ」を なぞって から、ねこに かきましょう。(ぜんぶ かいて 25てん)

▼ここから かこう。

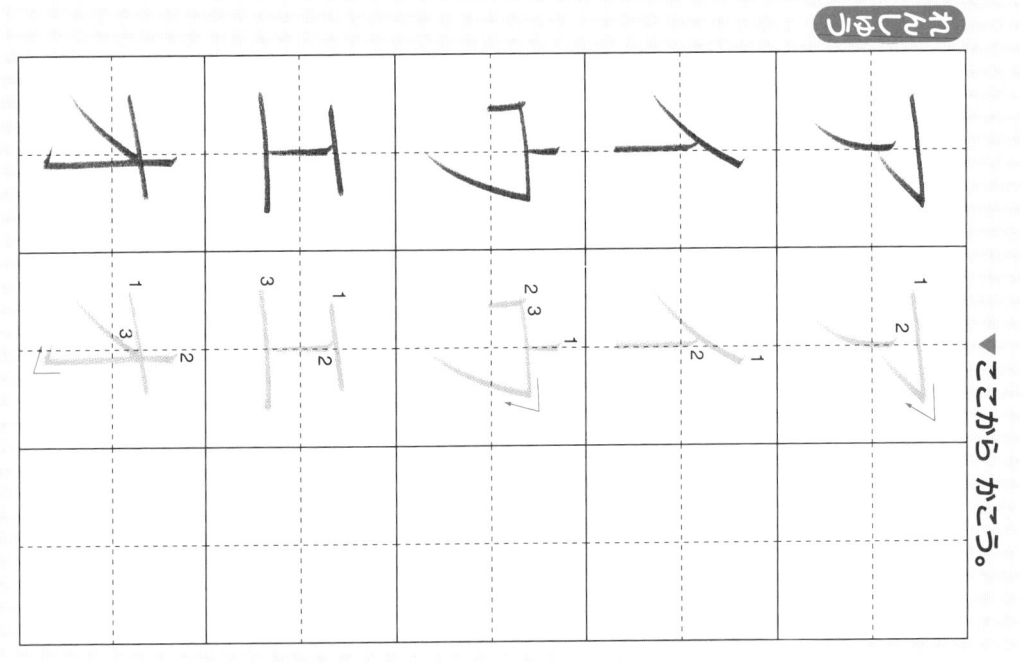

③ 「カ・キ・ク・ケ・コ」を てじゅんに かきましょう。

（ぜんぶ かいて 25てん）

▶ここから かこう。

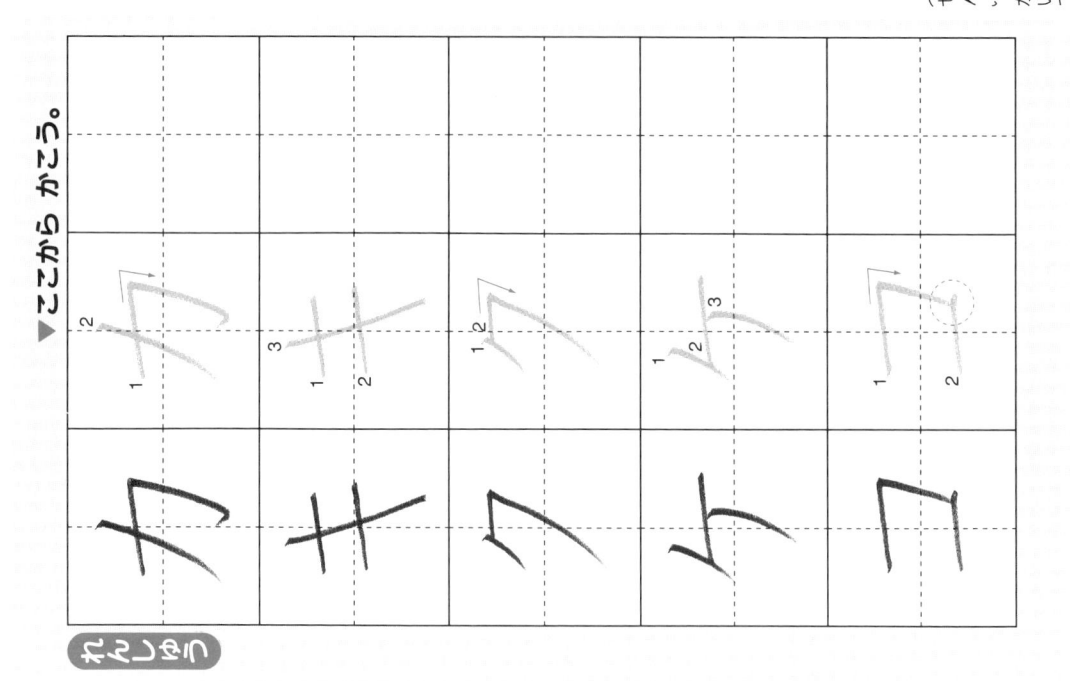

れんしゅう

④ えに あうように カタカナを かきましょう。（ひとつ 15てん）

①

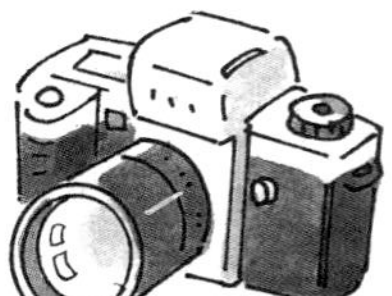

②

ちいさく かいて、「ー」と かきます。

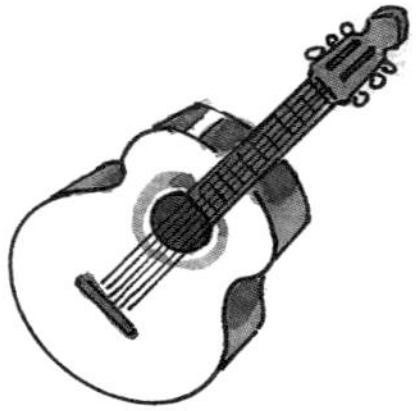

「カ・キ・ク・ケ・コ」からはじまる ことばの つく カタカナや、ほかの かみを つかって れんしゅうして みよう。

— 62 —

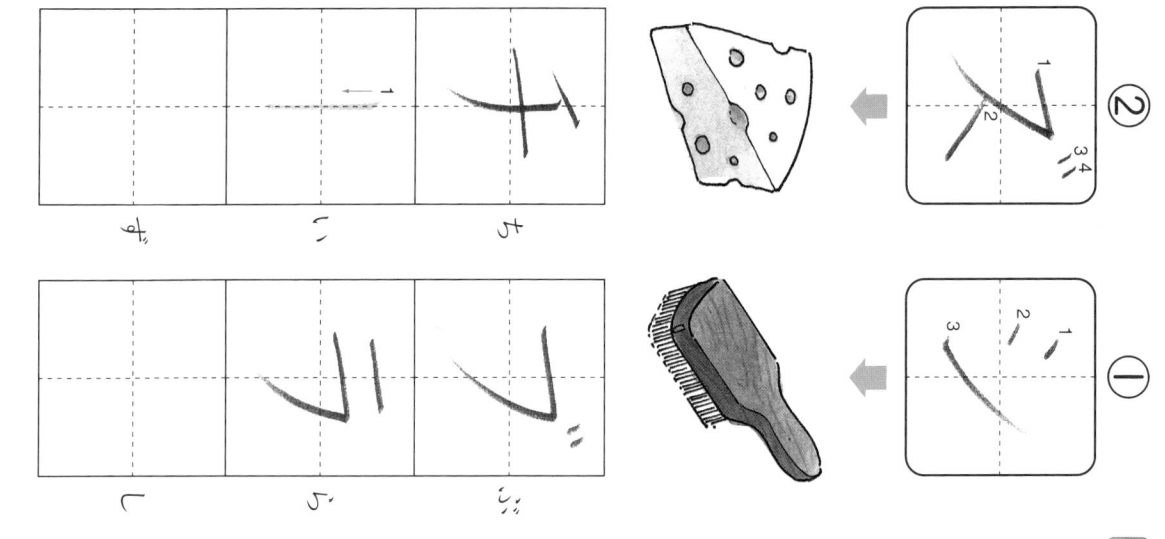

② えにあうように カタカナを かきましょう。(1つ 10てん)

ちいず

① ぶらし

▼ここから かこう。

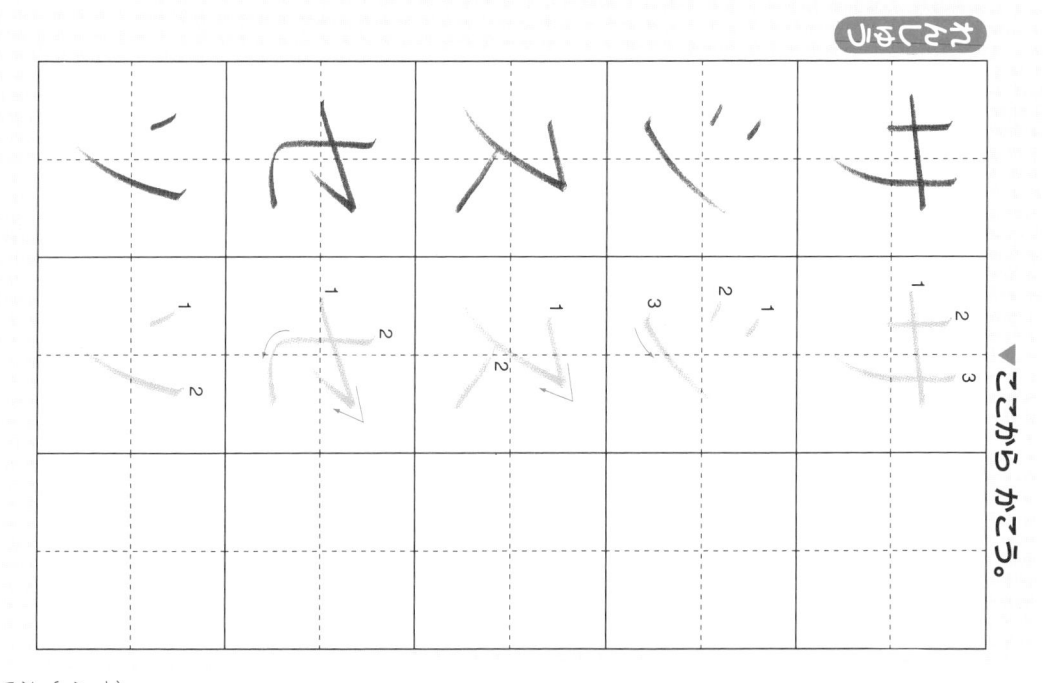

① 「サ・シ・ス・セ・ソ」を「ソ」のように ちょうしに かきましょう。(ぜんぶ できて 25てん)

32

カタカナ
カタカナの
れんしゅう ②

月 日
なまえ

時 分
時 分
かかり

100てん

③ 「タ・チ・ツ・テ・ト」を かくじゅんに かきましょう。(ぜんぶ かいて 25てん)

▼ここから かこう。

なぞろう

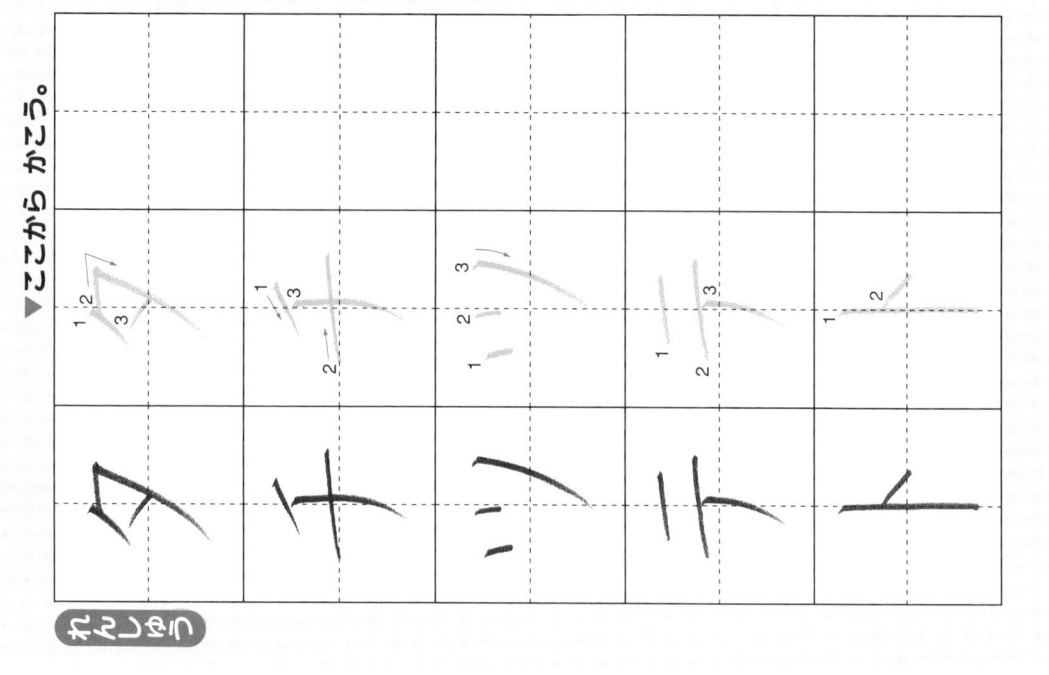

④ えに あうように カタカナを かきましょう。(ひとつ 10てん)

① せ　え　た　あ

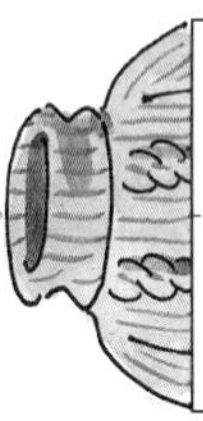

② ま　つ　ち

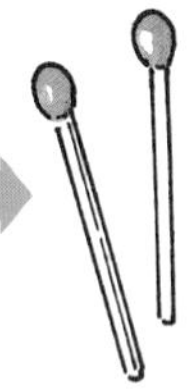

③ で　ぱ　あ　ハ

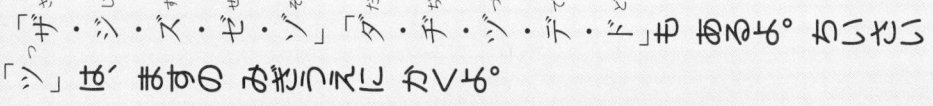

「ツ・チ・シ・ス・セ・ソ」「タ・チ・ツ・テ・ト」も かけたね。すごい。「シ」は まがりの むきに ちゅうい。

カタカナ

カタカナの なまえ③

月　日

なまえ

時分〜時分

100てん

◎くもん出版

1　「ナ・ニ・ヌ・ネ・ノ」の カタカナを「ヽ・ネ・ヽ」に きを つけて ていねいに かきましょう。（25てん）

▼ここから かこう。

かきじゅん

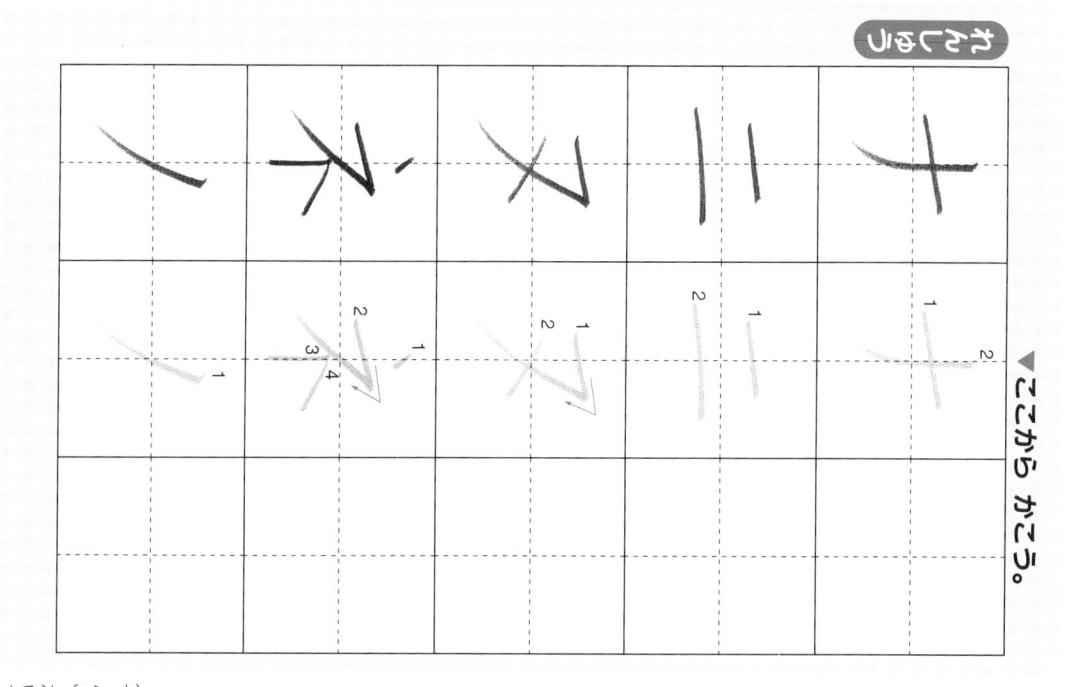

2　えに あう ことばに なる ように カタカナを かきましょう。（10てん）

①

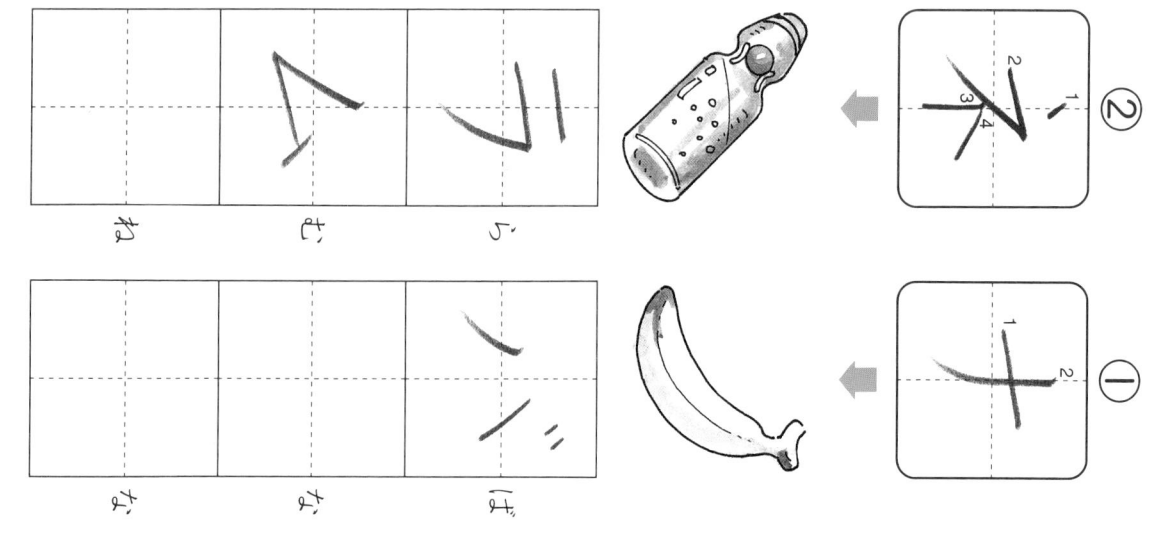

②

— 65 —

3 「ベ・ビ・ブ・べ・ボ」を ていねいに かきましょう。(ぜんぶ かいて 25てん)

▼ここから かこう。

なぞりがき

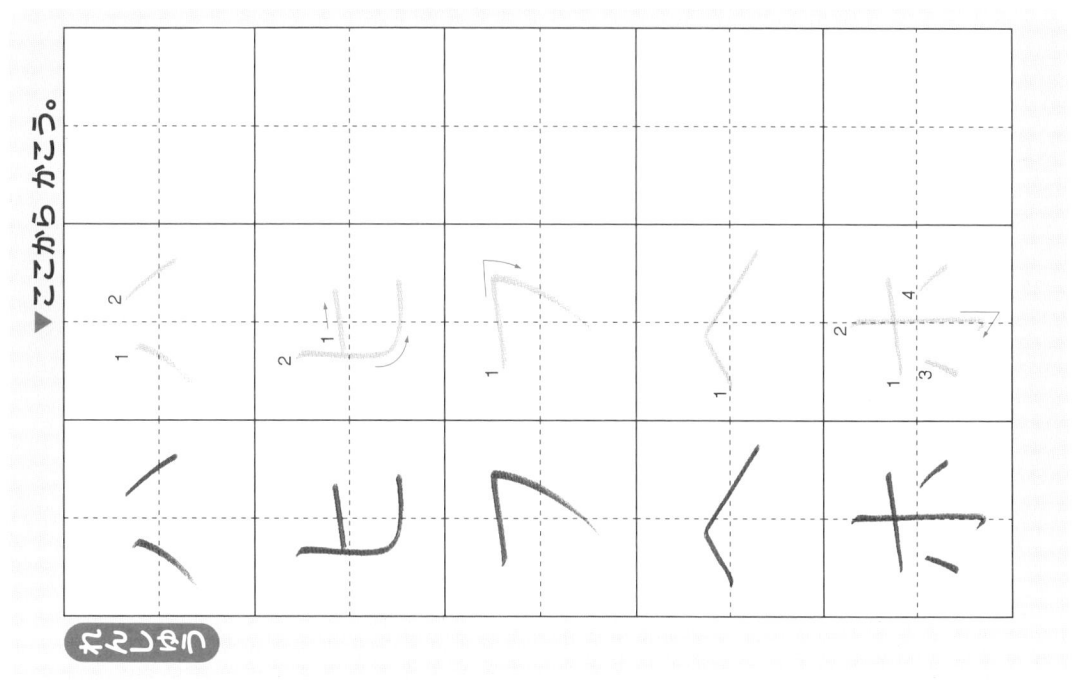

4 えに あうように カタカナを かきましょう。(1つ 10てん)

① ベ　ビ

② リ　ボ　ン

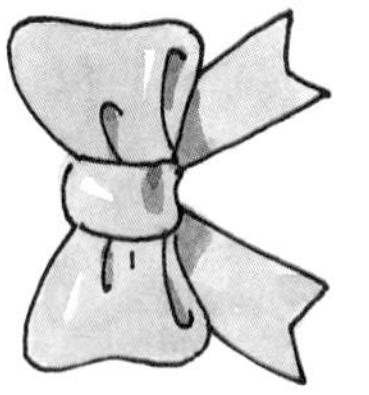

③ ぱ　ん　つ

「ベ・ビ・ブ・べ・ボ」「ベ・ビ・ブ・べ・ボ」を こえに だして いえたかな。

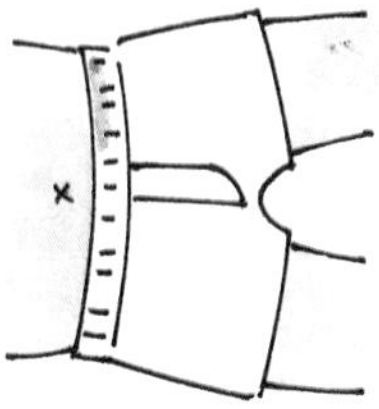

© くもん出版

34

© くもん出版

カタカナ

かたかなの
れんしゅう④

月　日

なまえ

時じ　分ぷん	
時じ　分ぷん	

とくてん

／100てん

---

1 「マ・ミ・ム・メ・モ」を「モ・×・ム・ミ・マ」のじゅんに、ていねいになぞってかきましょう。(ぜんぶかいて25てん)

▼ここから かこう。

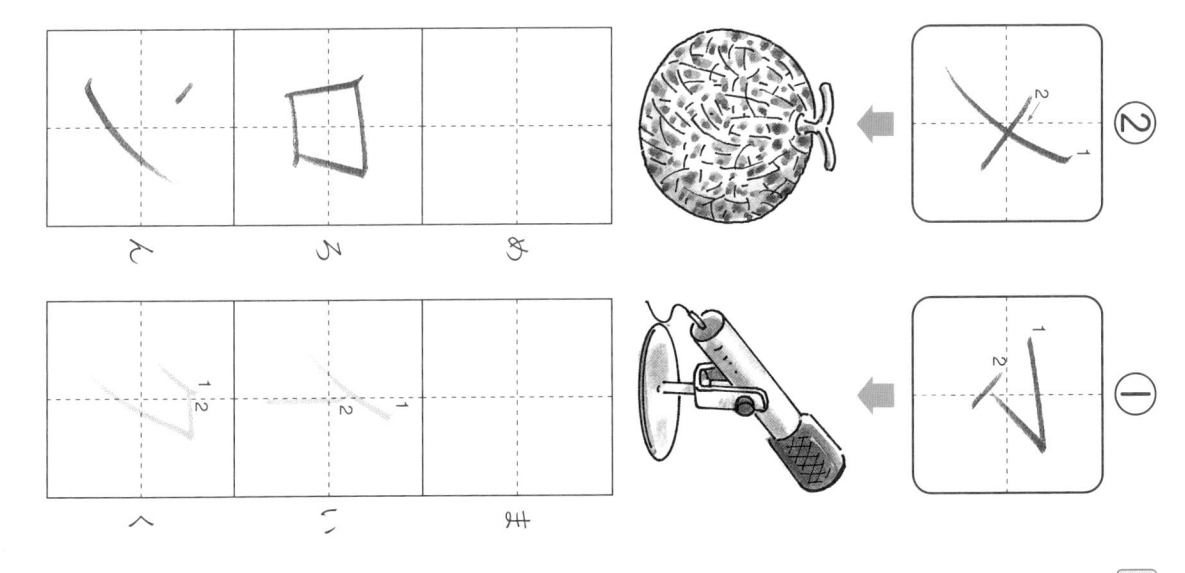

---

2 えにあうように、あいているところに、カタカナをかきましょう。(1つ10てん)

① キ・い・へ

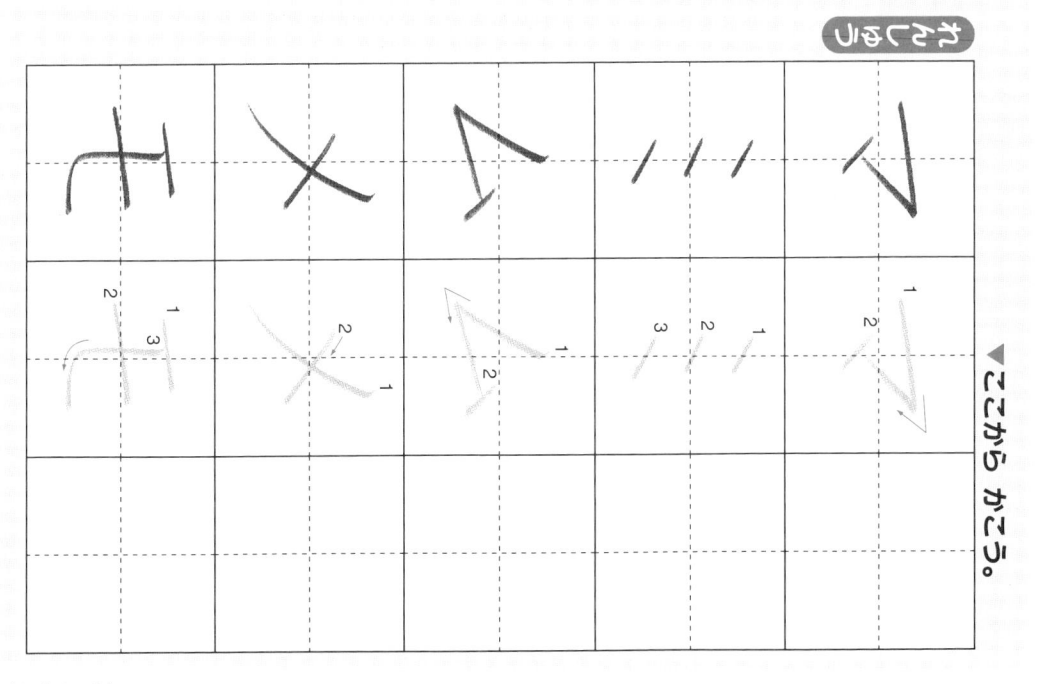

② あ・う・ん

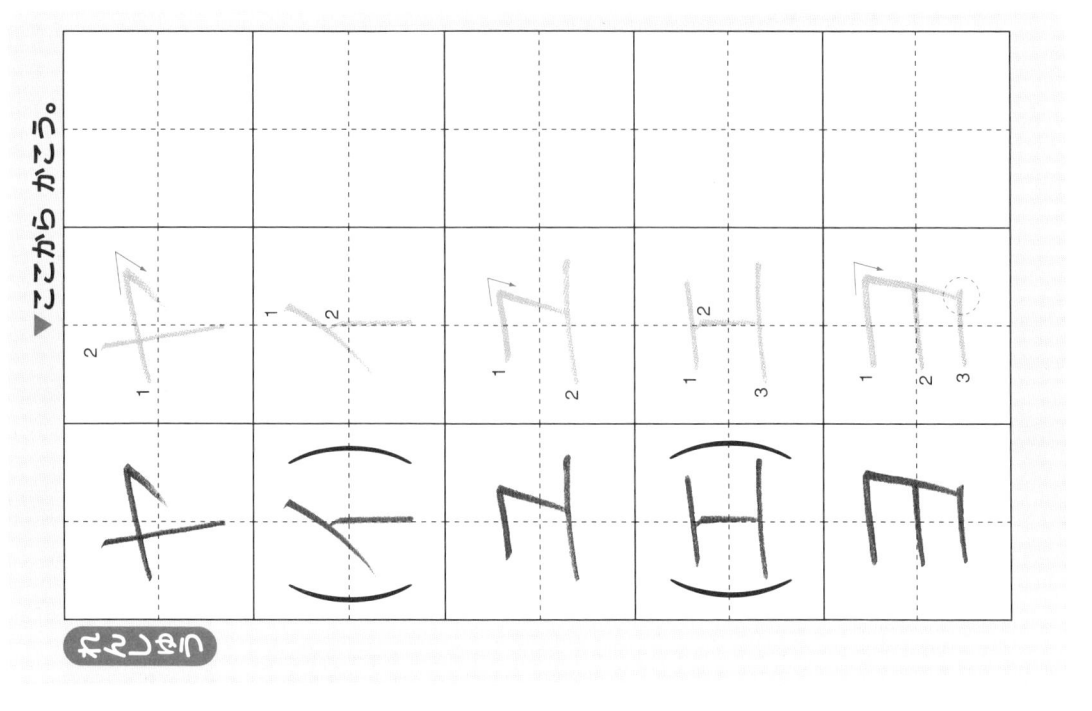

③ 「ア・イ・ユ・エ・ヨ」を ていねいに かきましょう。(ぜんぶ かいて 25てん)

▶ここから かこう。

れんしゅう

④ えに あうように、カタカナを かきましょう。(一つ 10てん)

① ヨ　→　ット

② イ　→　ジャンパー

③ ユ　→　ジュース

— 68 —

ちいさい 「ヤ・ユ・ヨ」や、ねじれた 音を あらわすときに つかう。ほかに 「ア・エ・オ・ッ」の ちいさい もじや ながく のばす もじも つかうよ。

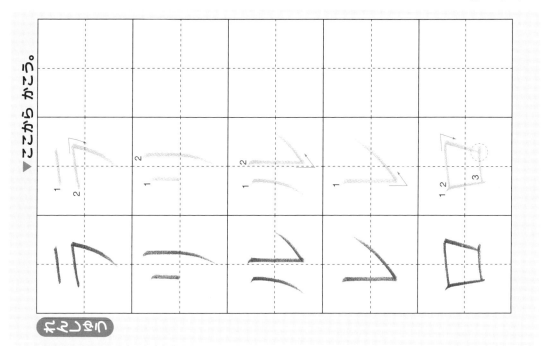

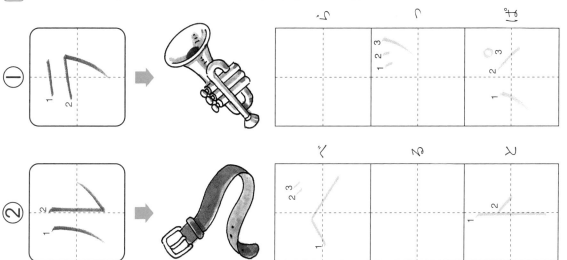

35

カタカナ

カタカナの
れんしゅう⑤

月　日

なまえ

時　分　時　分

100てん

てんすう

1　「ラ・リ・ル・レ・ロ」を じゅんに かきましょう。

（ぜんぶ かいて 25てん）

▶ここから かこう。

れんしゅう

2　えに あうように カタカナを かきましょう。（ひとつ 10てん）

① ラ

② ル

©くもん出版

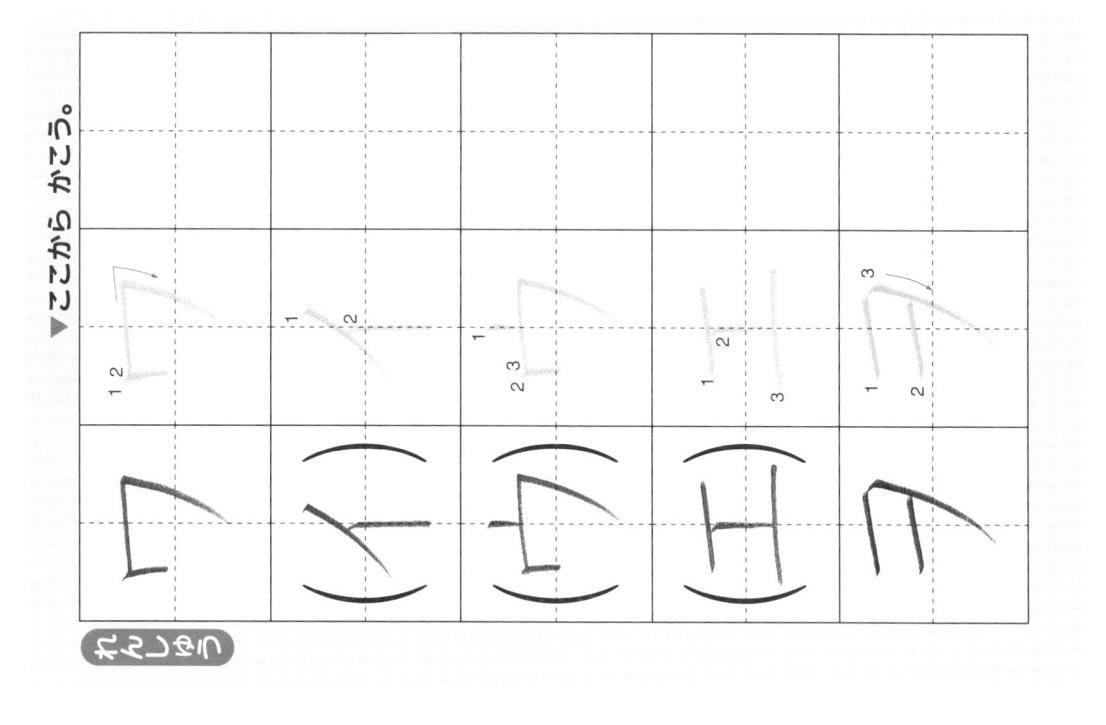

3 「ワ・イ・ウ・エ・ヲ」を ここに かきましょう。(ぜんぶ かいて 25てん)

▶ここから かこう。

れんしゅう

4 えに あうように カタカナを かきましょう。(ひとつ 10てん)

① わ　い　ん

② ぱ　ん　だ

③ じ　り　ん

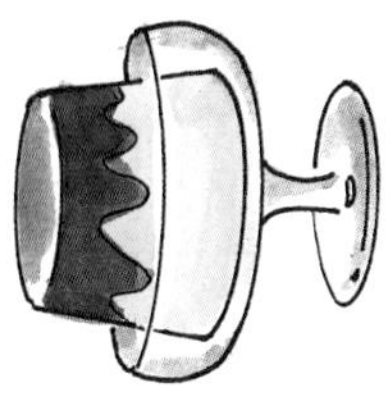

「ン」と 「ソ」は、かたちが よく にて いるね。1かくめの むきに きを つけて かこう。

— 70 —

©くもん出版

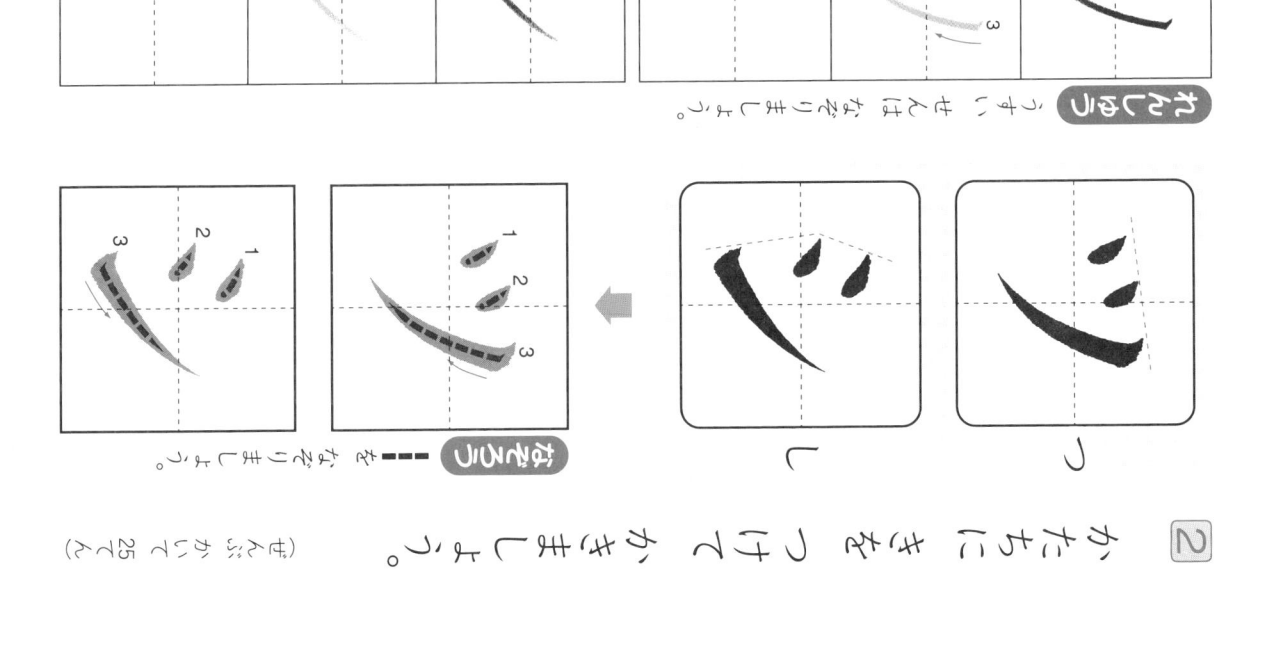

② かたちに きを つけて かきましょう。 （ぜんぶ かいて 25てん）

なぞって === を なぞりましょう。

れんしゅう

すう じは なぞりましょう。

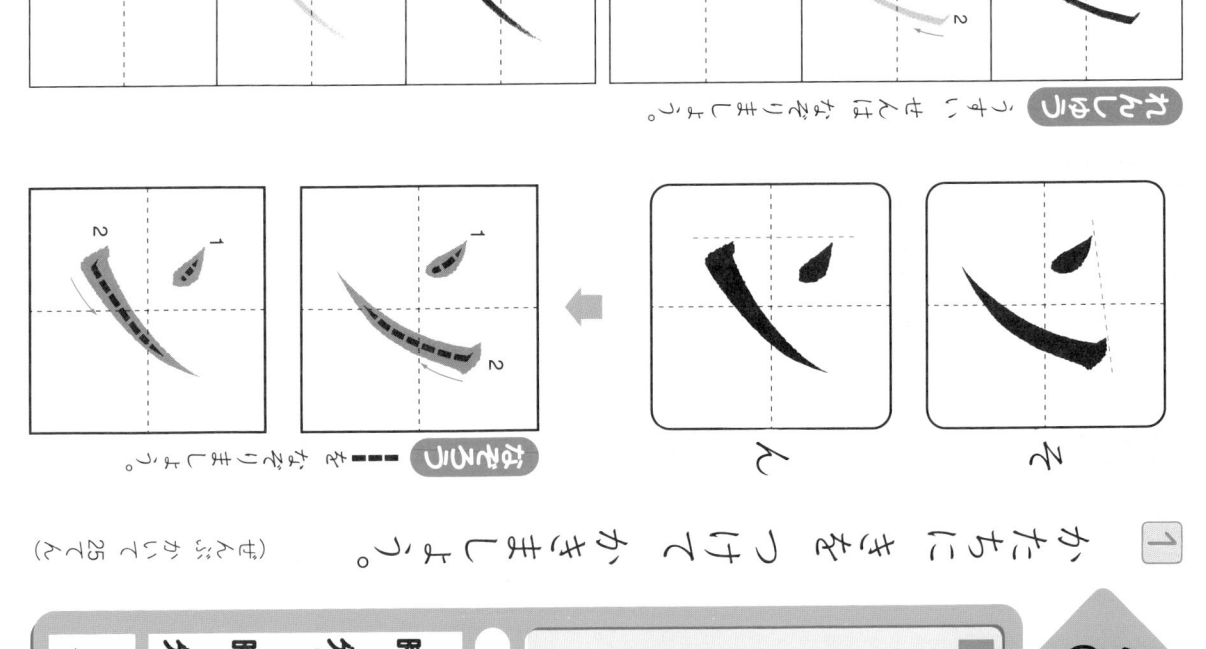

36

かきかた

カタカナの かたち ①

月 日 なまえ

時 分
時 分

100てん

てん

① かたちに きを つけて かきましょう。 （ぜんぶ かいて 25てん）

なぞって === を なぞりましょう。

れんしゅう

すう じは なぞりましょう。

③ かたちに きを つけて かきましょう。 (ぜんぶ かいて 25てん)

な

め

なぞり ━━━ を なぞりましょう。

かきじゅん うすい せんは なぞりましょう。

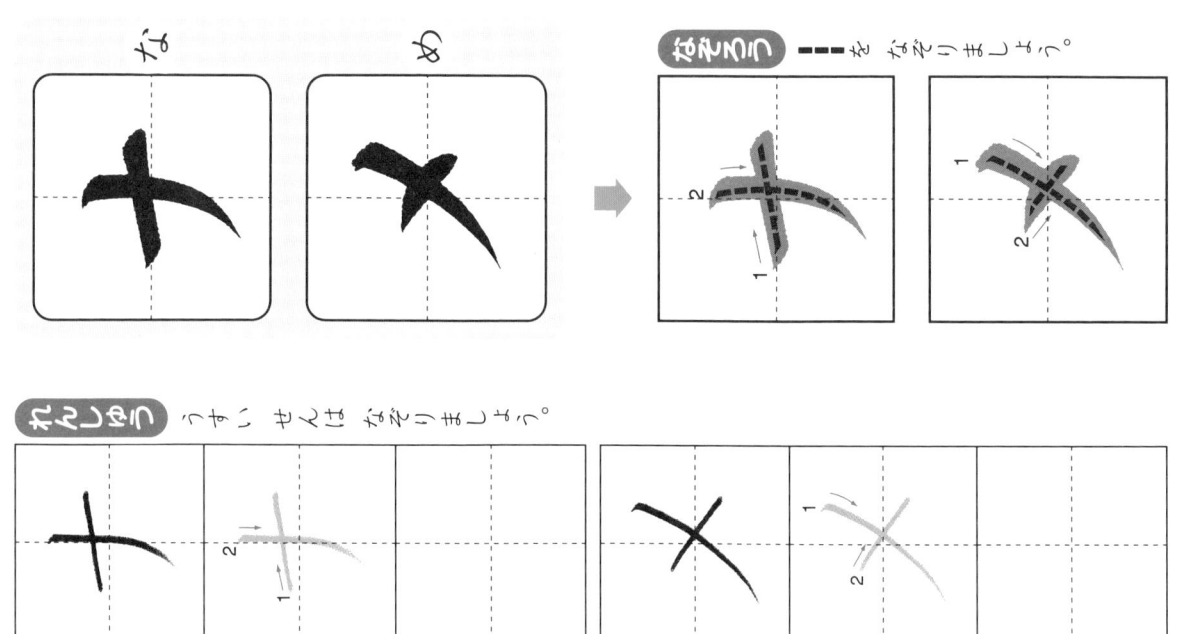

④ かたちに きを つけて かきましょう。 (ぜんぶ かいて 25てん)

す

ぬ

なぞり ━━━ を なぞりましょう。

かきじゅん うすい せんは なぞりましょう。

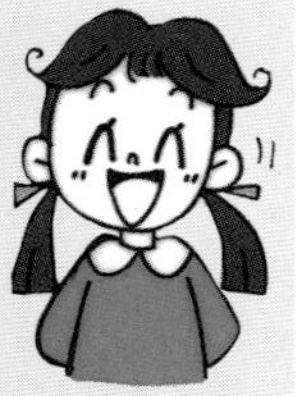

かくの むきや ながさ だす だちなうの ちがいに きを つけて かいてね。

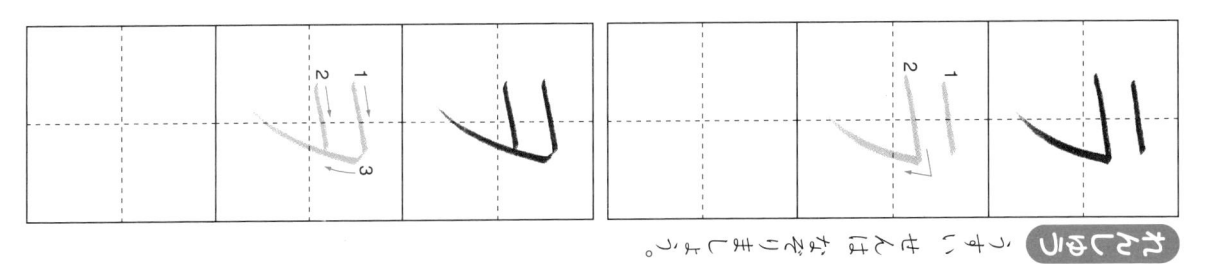

れんしゅう

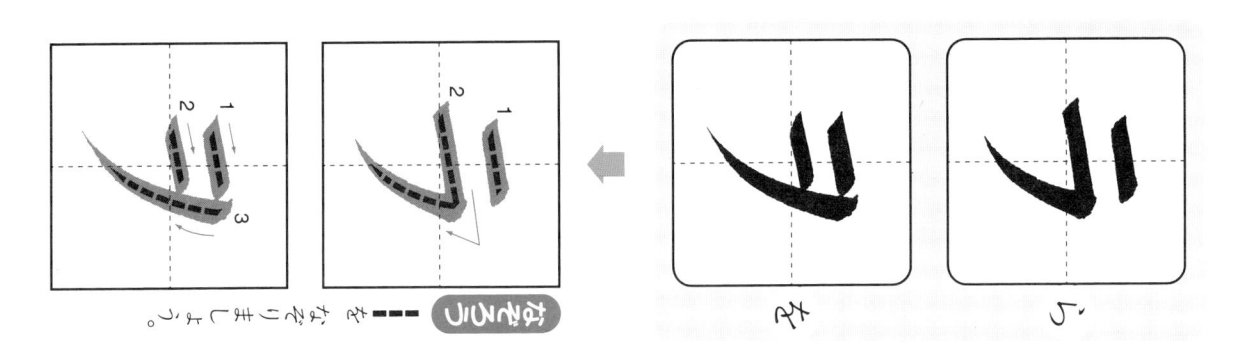

② かたちに きを つけて かきましょう。

なぞり --- を なぞりましょう。

（ぜんぶ かいて 25てん）

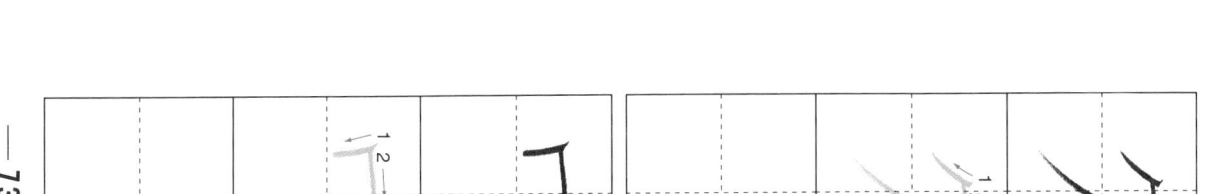

れんしゅう

うすい ぶぶんは なぞりましょう。

① かたちに きを つけて かきましょう。

なぞり --- を なぞりましょう。

（ぜんぶ かいて 25てん）

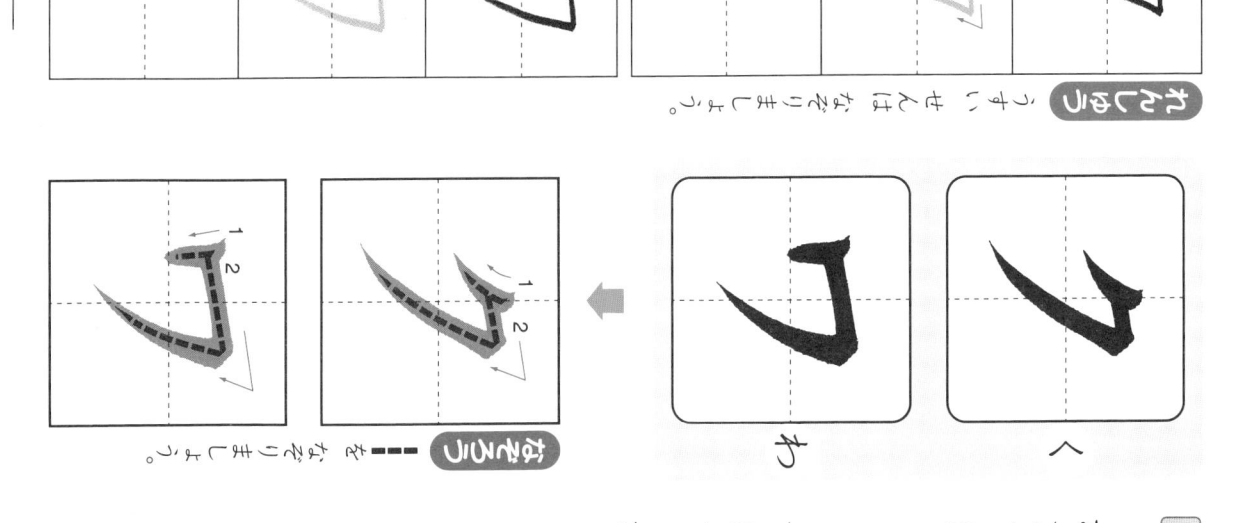

かきかた

カタカナの
かたち②

月　日　なまえ

時　分　～　時　分

37

100てん　とくてん

© くもん出版

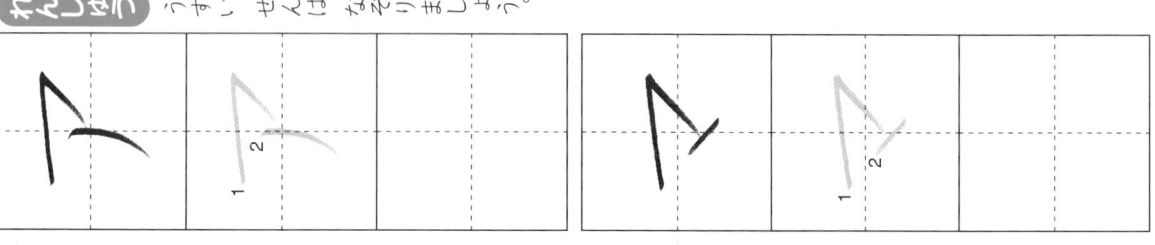

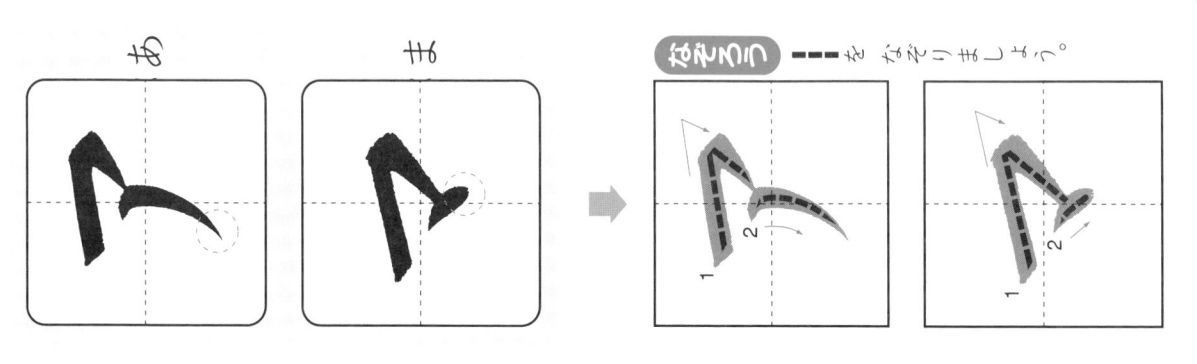

③ かたちに きを つけて かきましょう。 （ぜんぶ かいて 25てん）

え　　ゆ

なぞろう ----を なぞりましょう。

れんしゅう うすい せんは なぞりましょう。

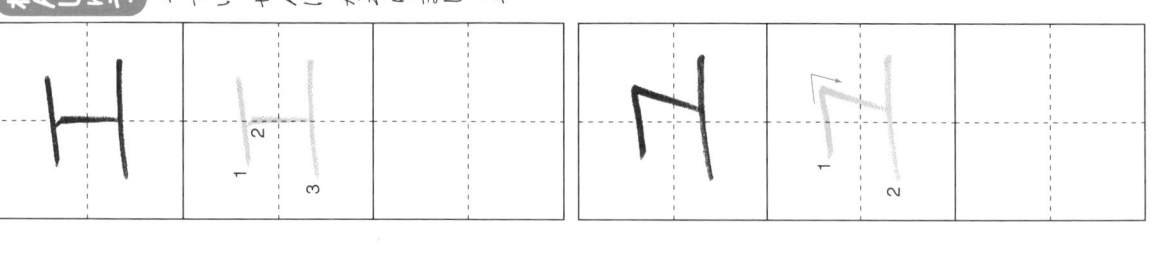

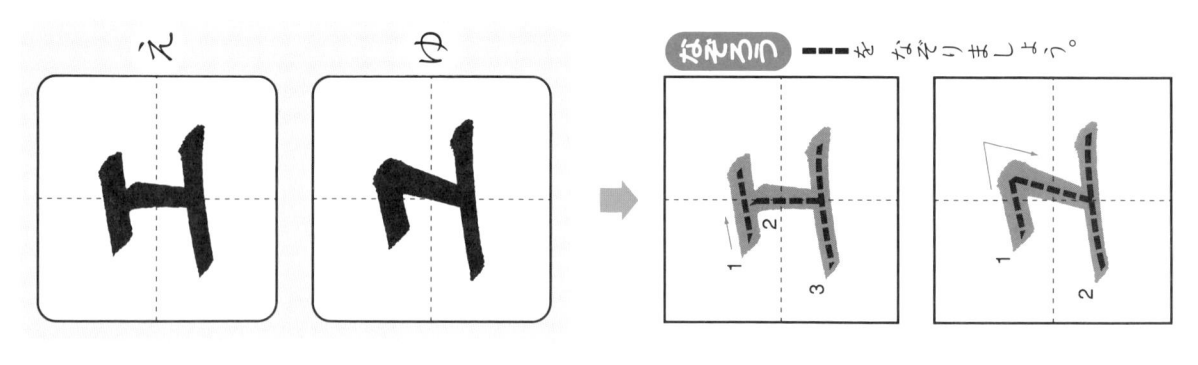

④ かたちに きを つけて かきましょう。 （ぜんぶ かいて 25てん）

あ　　き

なぞろう ----を なぞりましょう。

れんしゅう うすい せんは なぞりましょう。

「テ」と「チ」、「エ」と「コ」には、かくすう（かく かきじゅん）も ちがうよ。

かたかな　ひらがな

● なぞなぞ あそび
　ことばを かんせいさせます。
　▲は、えを ヒントに こたえます。

● ことば あそび
　ことばを かんせいさせます。

---

1 たべものの なまえ
1・2 ページ

1 ① し ② へ ③ の
2 よ た か よ き して いますか。

2〜4 せかいに ねこを
3〜8 ページ

1〜4 ① ③
ねこを せんに そって て いきましょう。

※ ③は 1・2 です。

5〜9 ひらがなの なぞなぞ
9〜18 ページ

1〜4 ① ⑤
にほんを なかまを さがして、
ねこに いって いきましょう。

10 ひらがなの なぞなぞ⑥
19・20 ページ

1 ① し ② へ ③ の
2 こ（ね） に（す）
3 ① し ② へ ③ は
4 （か） キ（サ）
▲「サ」が へいます。「キ」
は「サ」ほか2 ほか1 は たから。
ん、だったかたん。

11〜15 ひらがなの なぞなぞ⑦〜⑪
21〜30 ページ

16 ひらがなの なぞなぞ⑫
31・32 ページ

1 ① ね ② か ③ と
2 （ふ） ん （し） る
3 ① ね ② ひ ③ す
4 （か） お よ （り）

17 ひらがなの なぞなぞ⑬
33・34 ページ

1〜4 ① に
ほんを なかまを さがして、
ねこに いって いきましょう。

18 ひらがなの なぞなぞ⑭
35・36 ページ

1・2 ① ゆ ② た ③ れ
に ほんを なかまを さがして、
ねこに いって いきましょう。
④ い
⑤ ん

—75—

©くもん出版

⑲ 「ゃ」「ゅ」「ょ」の つくじ ちいさく かくじ
ページ 37・38

1・3 てほんを みて、こに かきましょう。

2 ①きゃ ②ぎゃ

4

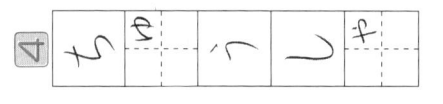

▶ちいさく ても、だだしい かきじゅんで こねこに かけたかな。

⑳ ひらがなの れんしゅう⑮
ページ 39・40

1・3 ひだりの てほんを みて、こねこに かきましょう。

2 ①え ②わ

▶②「わ」の 「ゝ」を ねすれない で かけたかな。

4 ①か ②き ③け

㉑ ひらがなの れんしゅう⑯
ページ 41・42

1・3 ひだりの てほんを みて、こねこに かきましょう。

2 ①す ②せ

▶②「せ」は、「｜→十→せ」の じゅんで かけたかな。

4 ①た ②ち ③つ

㉒ ひらがなの れんしゅう⑰
ページ 43・44

1・3 ひだりの てほんを みて、こねこに かきましょう。

2 ①な ②ね

▶「な」「ね」の むすびが しっかり かけたかな。

4 ①ひ ②ふ ③ほ

㉓ ひらがなの れんしゅう⑱
ページ 45・46

1・3 ひだりの てほんを みて、こねこに かきましょう。

2 ①み ②む

4 ①や ②ゆ ③よ

▶①「や」は、「｜→ゝ→や」の じゅんで かけたかな。

㉔ ひらがなの れんしゅう⑲
ページ 47・48

1・3 ひだりの てほんを みて、こねこに かきましょう。

2 ①ら ②れ

4 ①わ ②を ③ん

▶②「を」は、「一→ナ→を」の じゅんで かけたかな。

25 ひらがなの せん① 「とめ」「はね」「はらい」 49・50ページ

1〜5 てほんを みて、ていねいに かきましょう。

6 ① や ② か ③ す
▶②「つ」の はねが しっかり かけたかな。
▶③「す」の はらいが かけたかな。

26 ひらがなの せん② 「まがり」 51・52ページ

1・2・4 てほんを みて、ていねいに かきましょう。

3 ① つ ② し

5 ① や ② や ③ め
▶①「し」、②「し」、③「め」の まがりが かけたかな。

27 ひらがなの せん③ 「おれ」「おりかえし」 53・54ページ

1・2・4 てほんを みて、ていねいに かきましょう。

3 ① こ ② ん

5 ① え ② や ③ ひ
▶①「え」、②「や」、③「ひ」の おりかえしが しっかり かけたかな。

28 ひらがなの せん④ 「むすび」 55・56ページ

1・2・4 てほんを みて、ていねいに かきましょう。

3 ① と ② み

5 ① ま ② な ③ ね
▶①「ま」、②「な」、③「ね」の むすびが しっかり かけたかな。

29 ひらがなの かたち① 57・58ページ

2・4・6・8 ていねいに かきましょう。

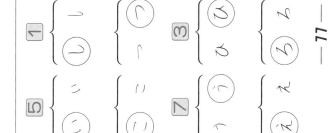
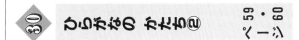

30 ひらがなの かたち② 59・60ページ

2・4・6・7 ていねいに かきましょう。

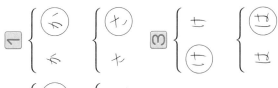

—77—

31 カタカナの れんしゅう① ページ 61・62

1・3 ひだりの てほんを みて てこねいに かきましょう。

2 ① ア ② オ

▶② 「ー」は、はねて かこだかな。

4 ① カ ② キ

▶① 「ア」は、はねて かこだかな。

32 カタカナの れんしゅう② ページ 63・64

1・3 ひだりの てほんを みて てこねいに かきましょう。

2 ① ヽ ② ス

▶① 「ヽ」、②「ス」を はらって かこだかな。

4 ① ワ ② 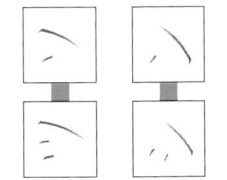 ③ テ

▶① 「ワ」、②「ヽ」、③「ヽ」は はらって かこだかな。

33 カタカナの れんしゅう③ ページ 65・66

1・3 ひだりの てほんを みて てこねいに かきましょう。

2 ① ナ ② ネ

4 ① く ② ホ ③ ヘ

▶③「く」の「。」は ななめした みぎまわりに かこだかな。

34 カタカナの れんしゅう④ ページ 67・68

1・3 ひだりの てほんを みて てこねいに かきましょう。

2 ① ヌ ② メ

4 ① ヨ ② 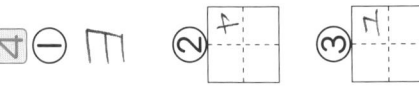 ③ ヲ

▶①「ヽ」、③「ヽ」は ひいて かこだかな。

35 カタカナの れんしゅう⑤ ページ 69・70

1・3 ひだりの てほんを みて てこねいに かきましょう。

2 ① ヲ ② ル

4 ① ヿ ② ヽ ③ ヽ

▶「ヽ」の 「ヽ」は したから みぎうえく はらって かこだかな。

36～37 カタカナの かたち①・② ページ 71～74

1～4 てほんを みて てこねに かきましょう。

▶「ヽ」と「ヽ」、「ヽ」と「ヽ」ての かたち に こころを つけて かこう。

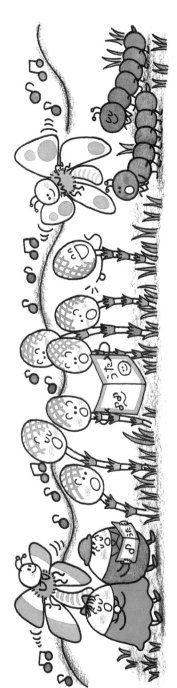

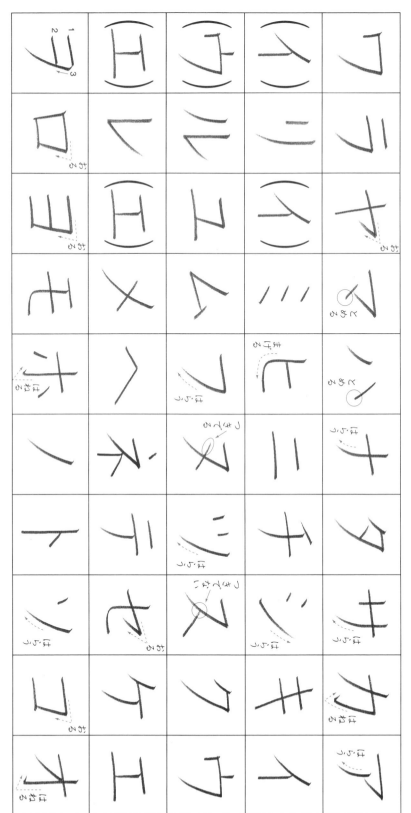

カタカナの ひょう